De verborgen elite

De verborgen elite
Twintig gesprekken met dienende zorgbestuurders

Willem Wansink

Skipr is een crossmediaal communicatieplatform voor beslissers in de zorg. Skipr biedt u een magazine, boeken, internet, e-mailnieuwsbrieven, (web)-televisie, een virtueel en een persoonlijk businessnetwerk en persoonlijke ontmoetingen. Skipr helpt beslissers in de zorg om de koers te bepalen.

© 2010 Bohn Stafleu van Loghum, onderdeel van Springer Media
Alle rechten voorbehouden. Niets uit deze uitgave mag worden verveelvoudigd, opgeslagen in een geautomatiseerd gegevensbestand, of openbaar gemaakt, in enige vorm of op enige wijze, hetzij elektronisch, mechanisch, door fotokopieën of opnamen, hetzij op enige andere manier, zonder voorafgaande schriftelijke toestemming van de uitgever.
Voor zover het maken van kopieën uit deze uitgave is toegestaan op grond van artikel 16b Auteurswet j° het Besluit van 20 juni 1974, Stb. 351, zoals gewijzigd bij Besluit van 23 augustus 1985, Stb. 471 en artikel 17 Auteurswet, dient men de daarvoor wettelijk verschuldigde vergoedingen te voldoen aan de Stichting Reprorecht (Postbus 3051, 2130 KB Hoofddorp). Voor het overnemen van (een) gedeelte(n) uit deze uitgave in bloemlezingen, readers en andere compilatiewerken (artikel 16 Auteurswet) dient men zich tot de uitgever te wenden.

Samensteller(s) en uitgever zijn zich volledig bewust van hun taak een betrouwbare uitgave te verzorgen. Niettemin kunnen zij geen aansprakelijkheid aanvaarden voor drukfouten en andere onjuistheden die eventueel in deze uitgave voorkomen.

ISBN 978 90 313 8687 1
NUR 801

Ontwerp omslag: Graphic Design Engelbracht
Ontwerp binnenwerk: Houdbaar, Deventer
Automatische opmaak: Cross Media Solutions – Ten Brink, Alphen aan den Rijn
Eindredactie: Maaike Zweers
Foto's: Amke

Bohn Stafleu van Loghum
Het Spoor 2
Postbus 246
3990 GA Houten

www.bsl.nl

Inhoud

	Voorwoord: Vriendelijke Dracula	7
	Inleiding: Smeerolie in het systeem	9
1	Frits Verschoor: 'Ik denk in termen van betalende gasten'	16
2	Geert Blijham: 'Betrouwbaarheid, volstrekte betrouwbaarheid'	24
3	Eelco Damen: 'Kleinschalig heeft de toekomst'	31
4	Jopie Nooren: 'Af en toe geen antwoord'	39
5	Ed Cools: 'Hoe meer regels, hoe meer vreugde'	47
6	Emile Lohman: 'Samen trek je door de woestijn'	54
7	Mike Leers: 'Ik verlaat deze tent met trots'	61
8	Marjanne Sint: 'Ik ga nog altijd voor een tien'	68
9	Loek Winter: 'Ik maak van zand cement'	76
10	Cathy van Beek: 'Hard op de zaak, zacht op de mensen'	83
11	Elmer Mulder: 'Als het mis gaat, moet je vooraan staan'	91
12	Elisa Carter: 'Als de cijfers niet kloppen, ga ik moeilijk doen'	98
13	Tineke Hirschler-Schulte: 'Disfunctioneren hoor je aan te pakken'	106
14	Paul Smits: 'Als je iets ziet wat niet klopt, moet je ingrijpen'	113
15	Greet Prins: 'Klantdenken zit in mijn genen'	121
16	Jos Poelmann: 'We laten niemand bungelen'	129
17	Maarten Rook: 'De rommel van Klink opruimen'	136

18	Louise Gunning: 'Wij maken de samenleving'	144
19	Wander Blaauw: 'Hoe hoger de zee, hoe rustiger ik word'	152
20	Pierre Quaedvlieg: 'Meer loods dan kapitein'	160

Van de talrijke journalisten met wie ik sinds mijn beroepsopleiding eind jaren zeventig heb mogen werken, vind ik Willem Wansink een van de beste. En een van de plezierigste om mee om te gaan.

De nieuwsjager, de quoteverzamelaar, de tackelaar, de vrouw met het fileermes. Het valse kreng. Journalisten heb je in soorten en maten. Vakidioten, kroegtijgers. Willem Wansink valt in geen van deze categorieën. Hij is een categorie op zichzelf. Er is maar een Willem Wansink.

Zodra de man zijn hoed afzet en plaatsneemt, vangt een gesprek onder gelijken aan. De provinciaal met internationale oriëntatie wil de persoonlijke en historische verbindingen achter actuele gebeurtenissen zien en begrijpen. De makkelijke quote of de snelle scoop oefent amper magnetische kracht op hem uit. Hij wil weten wat zijn gesprekspartner drijft, hoe deze in het leven staat en waarnaar hij of zij streeft.

Restaurantbezoek met Willem Wansink is geen eten en drinken maar tafelen en converseren. Urenlang, met goede wijn. Altijd onderzoekend, speurend naar de kern, van vakmatig tot zeer persoonlijk. Dwingend tot helderheid en zelfonderzoek, tot blootgeven. Oprecht. Hoffelijk.

Willem Wansink onderzoekt, pelt af, interpreteert, kaatst terug, vraagt door. Willem is een vriendelijke Dracula. Als hij eenmaal zijn tanden in je zet, bijt hij stugjes door zonder dat dit vrees aanjaagt. Als slachtoffer voel je dat. Willem wekt vertrouwen: hij is er niet op uit om je strot af te bijten.

Dankzij Willem Wansink leren we in dit boek twintig beslissers in de Nederlandse gezondheidszorg kennen die hij heeft geïnterviewd voor *Skipr*. We ontdekken niet alleen hoe zij met besturingsvraagstukken omspringen, maar krijgen vooral zicht op hun persoonlijke geschiedenis, drijfveren en spiritualiteit. Waarom en waartoe doen ze wat ze doen? Via Willem Wansink komen we zo dichtbij als slechts naasten is gegeven.

De spontane ontboezeming van een der geïnterviewden – Wat een leuke man is dat! – spreekt boekdelen. Zeker. Maar hij is vooral een vakman, die zijn oprechte interesse in mensen in deze bundel vormgeeft in twintig sprankelende interviews.

Ruud Koolen
Hoofdredacteur Skipr

Wie leiding geeft, kan aanzien vergaren, vooral als er opvallende resultaten worden geboekt. De vertoonde stuurmanskunst levert al gauw applaus op. En succes genereert succes. Iedereen luistert graag naar een communicatief sterke leider met gezag die vooroploopt, zijn verantwoordelijkheid neemt, knopen doorhakt en mensen aan zich weet te binden.

Het kan anders uitpakken. Want leidinggeven betekent ook dat je met je kop in de wind komt te staan, zeker in de gezondheidszorg waar zo veel in beweging is. De risico's en valkuilen zijn groot. Overmoed, de zucht naar status, een ongekende fusie- en bouwdrift, fouten op de werkvloer of een koersverandering in de politiek.

Soms betekent leiderschap dus afzien. Want als het misgaat, en dat gebeurt, dan verbleekt de magie en raakt het krediet snel op. Neem de talrijke berichten over disfunctionerende specialisten of de vele incidenten in de ouderenzorg en de thuiszorg die almaar vaker tot Kamervragen leiden. Welke reputatie loopt er dan geen deuk op?

Daarom is zelfreflectie cruciaal, betoogt wetenschapper Ruud Lapré. Een goede bestuurder moet binding scheppen en vertrouwen bieden, zegt hij: "Wat is de focus? Wat komt beneden aan?" Lapré is emeritus hoogleraar gezondheidszorgbeleid en economie van de gezondheidszorg aan de Erasmus Universiteit Rotterdam. Hij had talrijke bestuursfuncties en heeft veel ervaring als toezichthouder bij zorginstellingen en in het bedrijfsleven.

Volgens Lapré bestaat 'de' perfecte bestuurder in de zorg niet. De interactie met anderen, dus de context, is essentieel. De wisselwerking met de complexe omgeving waarin moet worden gewerkt, is zowel bepalend voor het succes als voor het falen. De context, dat zijn de vakgenoten, uiteenlopende disciplines, patiënten, verpleegkundigen, zorgverzekeraars en de politiek. Zij allen beïnvloeden het resultaat.

Lapré grijpt terug op de term rentmeesterschap: "De verantwoorde leider maakt zijn eigen ambities ondergeschikt aan de behoeften van het bedrijf. Elke dynamische bestuurder loopt vast in een organisatie die een stabiele beheerder nodig heeft, dus rust." Andersom geldt hetzelfde. Een bedrijf in verandering schreeuwt juist om een enthousiasmerende baas.

Leiderschap heeft dus te maken met beeldvorming. Doe je het goed, dan ben je een held. Loopt het fout, dan word je meteen afgeserveerd of in tranches gefileerd. Nu werkt er in de zorgsector een ander type leider dan in het reguliere bedrijfsleven. Geen George Clooney-*lookalike*, evenmin een Richard Branson, de charismatische topman van de Virgin Group. Er is amper een bestuurder te bekennen van het slag doordouwer als Peter Bakker van TNT, Rein Willems, de voormalige bestuursvoorzitter van Shell, of Hans Wijers van AkzoNobel. Communicatieve uitblinkers die verschil maken en daardoor in positieve zin opvallen, zijn schaars in de zorg.

Anders dan Bakker, Willems en Wijers hebben de bovenbazen van de Nederlandse zorg een minder krachtig publiek profiel. Hun domein bevindt zich binnen de muren van de instelling. Ze worden niet genoemd in RTL Boulevard. En slechts af en toe valt hun naam in de kolommen van een dagblad, met name als het om de hoogte van hun salaris gaat.

Bestuurders van zorginstellingen mogen minder excentriek zijn, minder uitgesproken en minder bekend dan hun *counterparts* bij beursgenoteerde bedrijven. Maar wat is daarop tegen? Het gros van de bestuurders in de zorg tikt immers anders. De meesten komen – terecht – consequent op voor de belangen van de eigen organisatie. Zíj zijn er niet om de hele dag 'buiten te spelen'. En als ze dat laatste al doen, dan liggen hun activiteiten ook weer vaak in de maatschappelijke of publieke sfeer.

Ook zij horen tot de elite van de Nederlandse samenleving. Net als ondernemers, bankiers, zorgverzekeraars en topambtenaren vervullen ze een spilfunctie in hun organisatie. Meestal zijn ze trouwens bijzonder hoog opgeleid (gymnasium, universiteit). Taakgericht, punctueel. En soms zelfs iets te perfectionistisch, zoals Marjanne Sint toegeeft, de fotograferende bestuursvoorzitter van de Isala klinieken in Zwolle, die in een ander leven de PvdA leidde.

Net als Sint beschikken bestuurders in de zorg bovendien opvallend vaak over een stabiel stelsel van waarden en normen dat in het gunstigste geval als een feilloos innerlijk kompas fungeert. De ontkerkelijking mag Nederland in de greep houden, voor meerdere topbeslissers blijken christelijke uitgangspunten een ankerpunt te zijn. Niet alleen hun eigen geweten speelt een hoofdrol bij talloze afwegingen, maar ook de Bijbel, de Heilige Geest en de Tien Geboden. Het zijn hulpmiddelen in een wereld waarin de ethiek een belangrijke rol speelt.

Verandermanager Emile Lohman van het UMC St. Radboud erkent in een openhartig moment dat hij zich laat inspireren door de profeet Mozes. De bevlogen visionair, de ziener die zijn mensen door de woestijn leidt. Elisa Carter, afkomstig uit Guyana, eerder werkzaam in de geestelijke gezondheidszorg en nu bestuurder bij het Erasmus MC, benadrukt haar geloof in spiritualisme, winti en sjamanistische rituelen. Meer geseculariseerde collega's als Louise Gunning, voorheen van het AMC, houden het bij de zekerheid van wetenschappelijke onfeilbaarheden.

De topbestuurders die ik voor dit boek heb gesproken, zijn betrokken personen. Gemotiveerd. Ambitieus. Koersvast. Professioneel wilskrachtig en op het persoonlijke vlak redelijk bescheiden. Niet voor niets is ook in Nederland de term 'dienend leiderschap' in opkomst (*servant leadership*). Elmer Mulder, bestuursvoorzitter van het VU medisch centrum, is ambassadeur van deze benadering. Toen er brand uitbrak in zijn operatiekamercomplex, stond hij meteen klaar. Om sturing te geven en te helpen.

Mulder is econoom. Evenals de andragoog Lohman, die eerder bij KBB werkte, en reclamedame Greet Prins van Philadelphia, komt Mulder niet uit de zorg, terwijl dat voor veel van de collega's wel opgaat. Zij werden opgeleid tot medisch specialist, zoals zorgondernemer en radioloog Loek Winter. Een enkeling is al met pensioen, een ander heeft een nieuwe baan. Frits Verschoor, voorheen topman van de Parnassia Bavo Groep voor psychiatrische patiënten en in zijn jonge jaren basgitarist in een popgroep, vertrok eigener beweging ruimschoots op tijd als bestuursvoorzitter. Hij was de aanhoudende salarisdiscussie beu.

Zijn er andere overeenkomsten? Ja. Netwerkers zijn zij, deze ervaren bestuurders. Ze lobbyen in Den Haag en Utrecht bij het ministerie, koepelorganisaties en zelfstandige bestuursorganen. Soms zijn ze lid van een politieke partij en meestal is dat de PvdA. Wander Blaauw van het Medisch Centrum Leeuwarden, met een jaarinkomen van ver boven de drie ton de best verdienende bestuurder in de zorg, is lid van de VVD. Cathy van Beek van de Nederlandse Zorgautoriteit is actief voor D66.

Het gemak waarmee leiders binding weten te scheppen, bijvoorbeeld door een gehandicapte cliënt een baan als receptionist te geven, is kenmerkend voor de authentieke manager die Jan Moen in de zorg prefereert. Moen is hoogleraar management en organisatie in de gezondheidszorg aan de Universiteit van Tilburg. Hij verdiept zich in het fenomeen leiderschap en mismanagement in de zorg. Moen werkt met kleuren. Met Paul Ansems schreef hij in 2009 het boek *Kleur bekennen. Kleedkamergesprekken over leiderschap.*

Moens favoriet is de ontspannen, 'blauwe' leider. Wars van macht en status-quo: iemand die zich kwetsbaar durft op te stellen en medewerkers niet opzadelt met de eigen angsten. Moen vindt leidinggevenden een lastige rol hebben: "Elke leider moet ambitieus zijn. Anders heeft hij geen gezag. Maar hij moet vooral passie hebben en betrokkenheid. Respect tonen en vertrouwen bieden. Dat is de crux. Daarmee schep je een band. Dan krijg je je mensen mee, ook om hun gedrag te veranderen."

Slechte leiders willen macht uitoefenen. Ze hunkeren naar applaus en wensen aldoor te worden bevestigd. Ze denken alleen aan de eigen positie. Zij bieden geen vertrouwen. "Slechte leiders willen heersen en controleren. Ze zijn doof voor de repercussies van hun gedrag", zegt Moen. "Goede leiders zijn goede verhalenvertellers. Zij zijn de smeerolie in het systeem. Ze kunnen loslaten en het leiderschap van anderen aanvaarden."

Zorgbestuurders kunnen deze rol optimaal invullen. Want juist zij slaan niet graag met de vuist op tafel. Het streven naar harmonie is hun credo, stille krachten als zij zijn temidden van narcistisch aangelegde medisch specialisten en aan de andere kant de laagopgeleide, slecht betaalde medewerkers in de thuiszorg. De topbestuurders zijn de stootkussens van de zorg. Geen helden, wel voorbeelden. Zij willen overtuigen, niet schreeuwen, al zet een enkele *Draufgänger* dat wapen nog sporadisch in om het eigen personeel te intimideren.

Verder zijn zij vaak erg voorzichtig. Waarom toch? Ze leiden complexe instellingen waar heel veel mensen werken, zowel in de *cure* als in de *care*. Ooit waren dat gesloten bolwerken die veiligheid boden zonder op de kwaliteit te letten. Inmiddels is er sprake van zorgmolochen met soms meer dan 10.000 medewerkers waar, op de incidenten na, over het algemeen hoogwaardige zorg wordt geleverd.

Tegelijkertijd heeft de zorgsector zich ontwikkeld tot een belangrijke pijler van de Nederlandse economie. In 2011 gaat daar rond de 85 miljard euro in om, opgebracht uit premies en belastingen. Dat schept verwachtingen bij de almaar mondiger wordende burgers ('Het is ons geld'). Als een geliefde verkeerd is behandeld of verwijtbaar komt te overlijden, wil de familie dat er meteen wordt ingegrepen. De dokter moet worden ontslagen, het bestuur van de instelling dient onmiddellijk op te stappen. De SP en de tv worden erbij gehaald en er volgt een spervuur aan negatieve *tweets*. Uiteraard is de bestuurder de kop-van-jut. Begrijpelijk dat sommigen het niet erg lang volhouden.

Er zijn uitzonderingen. In dit boek worden twintig van hen voorgesteld. Opvallende beslissers. Evenwichtskunstenaars in een tijdsgewricht waarin het maatschappelijke cement is losgeraakt. In dit boek gaat het allereerst om hun filosofie. De achterliggende intenties staan centraal en minder de bekommernis met het dagelijkse zorgbedrijf. De gesprekspartners zijn gekozen op grond van unieke persoonlijkheidskenmerken, in het oog springende leiderschapskwaliteiten en hun eigen verhaal.

Het zijn momentopnamen in biografisch perspectief: de geïnterviewden worden ondervraagd over hun persoonlijke 'wortels', hun ouders en grootouders. Ze praten openhartig over waarden, ethiek, moreel handelen, over hun geloofsopvatting en levensbeschouwing. Het thema leiderschap blijft evenmin onbesproken. En soms wordt er een vlammend betoog afgestoken zodra de botte bezuinigingsbijl in de zorg dreigt te worden gezet. Alle interviews zijn de afgelopen twee jaar gepubliceerd in *Skipr Magazine*. Ze worden hier voor het eerst gebundeld.

Praat met bestuurders in de zorg en de levensvragen borrelen vanzelf op. Wat moet iemand kunnen om in dit mijnenveld van tegenstrijdige belangen te overleven? In de eerste plaats, zo blijkt, moet hij of zij gedreven zijn, en om mensen geven. Een baken en een coach willen zijn. Iemand die beschikt over een afgewogen mix van klassieke waarden als verantwoordelijkheidszin, integriteit, loyaliteit, trouw, arbeidsethos, incasseringsvermogen, volharding en betrouwbaarheid. Een breed palet aan *soft skills* dat als minimumpakket dient voor hen die de top willen halen.

Leidinggevenden zijn duizendpoten. Zij moeten kennis en deskundigheid hebben. Vaardigheden, ervaring, strategisch inzicht, ondernemerskwaliteiten en flexibiliteit bezitten. Onderscheid durven maken, de politieke en sociale omgeving kennen, proactief zijn. Goed kunnen luisteren is een andere kwaliteit die ertoe doet. De kern weten te raken. Medewerkers de ruimte geven. Zichzelf wegcijferen.

Zij dienen invoelend te zijn. In te spelen op wat mensen boeit en wat vrees aanjaagt. Zij moeten kiezen zonder het overwicht te verliezen. Ze moeten weerwoord geven aan een veranderende publieke opinie die steeds meer moreel leiderschap en verantwoording verlangt. Zo bouwt de topbestuurder respect op. Als bruggenbouwer. En als iemand die vanzelfsprekend weet te verbinden.

Oordeel zelf wie dat het beste is gelukt.

Amsterdam/Den Haag, oktober 2010

Willem Wansink

Frits Verschoor: 'Ik denk in termen van betalende gasten'

Hij streeft naar de hoogste kwaliteit in de psychiatrie. Frits Verschoor is de motor achter zes fusies in de Zuidhollandse geestelijke gezondheidszorg. Tijdens het interview is hij bestuursvoorzitter van de Parnassia Bavo Groep.

Frits Verschoor (1960) geeft niet om glamour of *oneliners*. Hij houdt de waan van de dag op afstand: "Het gaat me om de lange termijn", zegt hij.

Verschoor heeft een ambitieus doel. Hij wil de Nederlandse geestelijke gezondheidszorg van zijn slechte imago bevrijden en naar een hoger plan tillen. Bij hem gaan bedrijfsvoering en aandacht voor de zorg hand in hand: "In de psychiatrie ontbrak het tot voor kort aan topkwaliteit. Een patiënt met angststoornissen moet niet altijd bij maar één zorgverlener terechtkunnen, maar hoort uit vijf aanbieders te kunnen kiezen."

Vroeger raakte menig patiënt vermalen in de bureaucratie van de overheid. Maar sinds 2007 valt de psychiatrie onder de zorgverzekeringswet en biedt de bescheiden marktwerking kansen. Verschoor: "Inzicht in de prestaties kan nooit worden afgedwongen als er geen concurrentie is. Prikkels van buiten zijn hard nodig; alleen dan ontstaat er meer keuze."

Frits Verschoor: 'Patiënt heeft recht op goede huisvesting en lekker eten'

H.1

∎

Van hotel tot GGZ

Frits Verschoor is op 16 januari 1960 in Vlaardingen geboren. Hij is basgitarist in een band die met Herman Brood optreedt. Hij doet de hotelschool, studeert marketing en bedrijfskunde en bezoekt Harvard. Van assistent-bedrijfsleider bij een Haags psychiatrisch centrum klimt hij op tot bestuursvoorzitter van de Parnassia Bavo Groep met 7.500 medewerkers en 475 miljoen euro omzet. In 2004 richt hij met zijn collega's PsyQ op voor de doeltreffende en efficiënte psychiatrische zorg. Halverwege 2010 is hij vertrokken als bestuursvoorzitter. Hij blijft betrokken bij de organisatie als parttime bestuurder vastgoed.

Lang, slank en lenig. Frits Verschoor is een getrainde hardloper, roeier én racefietser. Hij draagt spits toelopende leren schoenen en gaat gekleed in een strak grijs pak met flinterdunne streep. Net als veel leeftijdgenoten heeft hij het hoofdhaar afgeschoren. Het nonchalante open boord kenmerkt de geëngageerde bestuurder die met vijfenhalf uur slaap toe kan: "Ik ben een vroege vogel."

Zijn kantoor op de vierde verdieping van een flatgebouw pal naast de Beneluxtunnel is functioneel ingericht en opvallend licht. Uitzicht op de indrukwekkende havens langs de Nieuwe Waterweg: een woud van containers, torenhoge schepen, wijdse luchten. Overzicht houden: dat is zijn métier. Zijn levensmotto? 'Mensen laten excelleren'.

Typisch Rotterdams is zijn instelling. Open, direct, oprecht en loyaal. Geen woorden maar daden. Ambitie, visie en lef kunnen hem evenmin worden ontzegd. In 2005 werd hij uitgeroepen tot Zorgmanager van het Jaar. 'Stimulerend, enthousiast, ondernemend, duidelijk, overtuigend en menselijk', vermeldde het juryrapport.

Sindsdien is hij een veelgevraagd persoon. Toch ontwijkt hij veel publieke aandacht. Verschoor houdt niet van spelletjes, hij mijdt de politiek en geeft slechts selectief raad: "Ik adviseer alleen als het voor mijn werk nodig is om een Kamerlid of gemeenteraadslid te spreken."

Geen aartslobbyist en evenmin een netwerker die zich soepel beweegt in het lucratieve lezingen- en debatcircuit.

Hij citeert zijn naamgenoot Frits Fentener van Vlissingen, een van zijn leermeesters: "Hij zei altijd: 'Daar hebben we geen tijd voor. Wij werken.' Dat sprak me erg aan. Van hem heb ik geleerd me te concentreren. Ik heb helemaal geen zin om twee dagen per week op congressen te zitten. Ik wil dat de patiënten goede huisvesting hebben en dat we kwalitatief uitmuntende zorgprogramma's aanbieden. Daar ben ik zeventig uur per week mee bezig."

Broeinest van wantoestanden

De psychiatrie is zijn passie, al is hij zelf geen psychiater maar bedijfskundige. Het stoort hem mateloos met welk gemak zijn werkterrein wordt weggezet. Alsof elke gek voor eeuwig gek is en de geestelijke gezondheidszorg een broeinest van wantoestanden zou zijn. "Er zullen altijd incidenten zijn. Die moeten worden opgelost. Intussen komt tachtig procent van onze klanten binnen een half jaar van zijn angststoornissen af. Daarover lees je bijna niets."

Zijn inspiratiebronnen liggen dicht bij huis. Nog altijd is hij gelovig; ruimdenkend, niet in een hokje te vangen. Zonder gêne bekent hij zich tot de christelijke traditie: 'Je moet altijd klaarstaan voor je medemens'. Vooral het Nieuwe Testament spreekt hem aan 'vanwege de warmte die dat boek uitstraalt'. Positief denken, dat probeert hij over te brengen op zijn beide dochters van 16 en 19 jaar.

Een bevoorrecht mens: zijn ouders, van oorsprong Nederlands-hervormd, boden hem een 'warm nest' in Vlaardingen. Ze leven allebei nog. Vader was hoofd expeditie bij Unilever; hij moest ervoor zorgen dat alle vrachtwagens met Sunlight en Omo op de goede plek terechtkwamen. Moeder deed de administratie op een school voor kinderen met het downsyndroom. Dienstverlenen, organiseren, opkomen voor anderen, dat zat er dus vroeg in.

Maar hoe goed kent hij zijn patiënten? Stilte. Diepere stem: "Ik ken ze niet allemaal. Dat is onmogelijk. Maar ik heb genoeg mensen gekend die zijn overleden en forse psychische problemen hebben gehad. Ik heb gezien hoe ze opknapten, of niet. Ik heb

vrienden die er na een depressie met twintig behandelingen weer bovenop zijn gekomen. Ik heb een diepe band met een aantal patiënten uit onze cliëntenraden en ken hun verleden."
Hij was een fanatieke voetballer, altijd speelde hij op straat. Laatste man, Ausputzer. Aanvoerder van de A-1 van Fortuna Vlaardingen. Tijdens een selectiewedstrijd voor het eerste elftal, dat betaald voetbal speelde, brak hij zijn been. Dat was zijn enige persoonlijke ervaring met de gezondheidszorg. Over en uit; Verschoor koos voor de hotelschool in Scheveningen. Een grote teleurstelling, geen voetbalcarrière? "Nee. Als ik eenmaal een keus heb gemaakt, kom ik er niet meer op terug."

■

Popmuziek

Spectrum. Vanaf de oprichting in 1976 speelde Verschoor basgitaar in deze band uit Maassluis. Begin jaren tachtig trad die band dertien keer per maand op, onder meer als voorprogramma van Herman Brood. De popmuziek was een tijdelijke liefde. Met eigen ogen zag hij wat de combinatie van alcohol en drugsverslaving teweeg kan brengen: "Voor een optreden dronk Brood soms een hele fles whisky leeg. Laveloos stommelde hij het toneel op. Na één nummer werd hij afgevoerd en speelde de band zonder hem verder. Bizar." Zelf heeft hij nooit drugs gebruikt: "Ik heb een keer een haal genomen van een stickie. Afschuwelijk. Als je in de popmuziek geen grens trekt, loopt het slecht met je af."

Betalende gasten

Na een stage van een half jaar bij het Haagse psychiatrisch centrum Bloemendaal verkende hij de internationale hotelwereld in Europa en de Verenigde Staten. Tot hij werd gevraagd om assistent-bedrijfsleider van Bloemendaal te worden. Zijn visie op de zorg had indruk gemaakt. Zijn vernieuwende suggestie om een cafetaria voor patiënten te beginnen, was blijven hangen. Onmiddellijk zette Verschoor de hotel- en gastvrijheidsfilosofie om naar de gezondheidszorg: "Ik had gezien dat het werk slim-

mer kon worden georganiseerd. Ik was eraan gewend om te denken in termen van betalende gasten. Een gast komt alleen terug als hij tevreden is over de dienstverlening."
De artsen en de raad van bestuur steunden hem. Hij moderniseerde het facilitaire bedrijf. "Patiënten die langdurig opgenomen zijn in een psychiatrische instelling hebben recht op goede huisvesting. Het eten hoort in orde te zijn. Er moet netjes worden schoongemaakt. De familie moet met een kop koffie worden ontvangen. Nu is dat heel gewoon, maar dat was het in 1980 niet."
De patiënten sliepen met zijn achten op één zaal met als enige privacy een nachtkastje en een prikbord. Ze moesten eten wat de pot schafte: 'Ziekmakend'. Na Verschoors interventie konden ze kiezen uit drie maaltijden en afgepaste porties krijgen: "Het was de hoogste tijd dat er iets gebeurde. Zeven van de tien onderwerpen waarover de toenmalige patiëntenraad zich opwond, hadden te maken met facilitaire kwesties."

Omgekeerde integratie

Op zijn 35^e werd hij directeur bedrijfsvoering van Bloemendaal, een klassieke psychiatrische inrichting met talloze paviljoens op een terrein van 72 hectare, 800 personeelsleden en 500 bedden. De meeste gebouwen stamden uit de late negentiende eeuw. "Als eersten omarmden wij het concept van de omgekeerde integratie. We haalden de stad naar het instellingsterrein. We bouwden een reguliere woonwijk met woonvoorzieningen voor patiënten en voor verslavingszorg. Eigen sanitair, slaapkamer, woonkamer. Onze patiënten konden hun vriend of vriendin uitnodigen en een sociaal leven opbouwen."
Soms is het simpelste idee het beste: "Een aantal psychiaters was aangenaam verrast hoe snel de patiënten daarna opknapten. Ik niet. Negen van de tien patiënten kunnen heel goed aangeven wat zij willen, maar je moet er wel naar vragen."

■

State of the art

In 2008 stak zijn collega-bestuurder en psychiater Victor Vladar Rivero zijn nek uit door met Lentis en Altrecht, een andere grote GGZ-instelling, de Stichting Topklinische Zorg te beginnen: "We introduceren gespecialiseerde topklinische zorg voor de complexere gevallen. *State of the art*. Wetenschappelijk verantwoord, gebaseerd op feiten, dus *evidence-based*."
De lat ligt hoog met als doel geleidelijk aan het kwaliteitsniveau in de geestelijke gezondheidszorg nog verder te verbeteren. Negen voorstellen liggen er bij de onafhankelijke commissie die de kwaliteit van zorgprogramma's beoordeelt. "Hopelijk kunnen we volgend jaar in het hele land topklinische zorg aanbieden."

Rechte rug

In Den Haag waren vier RIAGG's actief, twee psychiatrische ziekenhuizen, een verslavingsinstituut en een crisiscentrum. Niemand kon en durfde het woord fusie uit te spreken, behalve nieuwkomer Verschoor. Samen met algemeen directeur Jan Borger van Zeestraat, een van de andere instellingen, ging hij aan de slag. In 1999 ontstond de zorggroep Parnassia, met 2.600 medewerkers op vijftig locaties. Nuchter: "Er zaten veel gaten in het aanbod van de zorg. Die hebben we gedicht."

Hij klom op tot bestuursvoorzitter van Parnassia. Inmiddels is de zesde fusie beklonken en de Parnassia Bavo Groep een feit. Hoe is hem dat gelukt? "Je moet, met je collega's, altijd weten waarover je praat, een heldere visie hebben en die goed uitleggen." De verwezenlijking van zo'n visie heeft tijd nodig: "In de eerste fase van een fusie gaan mensen vaak terecht mopperen. Dus moet je vooral een rechte rug houden." Of hij megalomane trekjes heeft; hij slokt immers alles op? "Nee, helemaal niet alles. Maar wel als we denken dat een fusie iets oplevert voor de patiënt en voor de GGZ."

Schaalgrootte

De Parnassia Bavo Groep is uitgegroeid tot een conglomeraat van zeven zelfstandige bedrijven. Een daarvan is PsyQ, dat in 2004 werd opgericht, een initiatief met Lentis en Mondriaan, twee andere Nederlandse zorggroepen. De landelijke franchise schudde de traditioneel regionaal georganiseerde sector flink op, maar ondanks de consternatie gelooft Verschoor in de formule: snelle, efficiënte psychiatrische zorg met een positief imago: "Veel patiënten kunnen van een depressie worden afgeholpen als er een gerichte interventie plaatsvindt door middel van een combinatie van gesprekken en medicijnen. Maar om iedereen goed te bedienen, is schaalgrootte nodig. Pas dan kun je gespecialiseerde programma's aanbieden."

Frits Verschoor deed een zomercursus op Harvard en koestert het netwerk van internationale bestuurders dat hij daaraan overhield. Hij vertaalt hun ervaringen naar de zorgsector: "*Out of the box* denken is cruciaal."

Eerder verschenen in Skipr 01-2008

Geert Blijham: 'Betrouwbaarheid, volstrekte betrouwbaarheid'

Op 1 januari 2009 vertrok Geert Blijham als voorzitter van de raad van bestuur van het UMC Utrecht. Hij kan terugkijken op een succesvolle loopbaan. 'Alles wat ik in mijn leven heb willen doen en verbeteren, heb ik prima binnen mijn vak kunnen verwezenlijken.'

Zijn grootvader had een timmerfabriek in Hekendorp, op de grens van Zuid-Holland en Utrecht. "Hij was maatschappelijk zeer betrokken. Hij gaf om het wel en wee van de gemeenschap en zat in wel dertien verenigingen. 's Avonds was hij nooit thuis, want dan vergaderde hij. De onderkoning van Hekendorp werd hij genoemd."

Blijham (1946) spiegelt zich graag aan deze voorvader, want hij had ook veel bestuursfuncties, bijvoorbeeld bij de Gezondheidsraad en als voorzitter van het hospice-bestuur Demeter in De Bilt. Daar kwam hij in aanraking met zijn oude vak als internist en oncoloog, met stervensbegeleiding en de praktijk van palliatieve sedatie. Toch hield hij zijn publieke profiel laag: "Ik ben niet erg bezig mezelf te profileren." Bovendien bood zijn baan als bestuursvoorzitter hem weinig vrije tijd om er veel naast te doen.

Geert Blijham: 'Gaan voor het beste, maar ook kunnen leven met het betere'

Groningen – Utrecht

Geert Hermannus Blijham is op 15 oktober 1946 geboren in Groningen. Hij studeert er geneeskunde en promoveert op het onderwerp *Helper T-cellen in het Konijn*. Hij specialiseert zich tot internist en kankerdeskundige. In 1975 verhuist Blijham naar Maastricht; twaalf jaar later wordt hij hoogleraar interne geneeskunde, in het bijzonder de medische oncologie. In 1992 volgt zijn benoeming tot hoogleraar in Utrecht, waarna hij afdelingshoofd en medisch divisiemanager wordt. Sinds 1998 is hij voorzitter van de raad van bestuur. Hij neemt in 2009 afscheid.

Opeens staat hij op en beent met lange passen weg. Hij blijkt ook penningmeester te zijn van de H. N. Werkman Stichting. Die stichting is vernoemd naar Hendrik Nicolaas Werkman, de avantgardistische drukker en schilder. In april 1945, vlak voor de bevrijding, werd Werkman door de Duitse bezetters gefusilleerd. Blijham komt terug met een dikke catalogus die de stichting afgelopen zomer heeft uitgegeven, samen met twee dikke banden correspondentie: "Dit is toch prachtig. Al die kleuren. Als je dit ziet, is het nog steeds volstrekt modern. Het is alleen uit 1925."

Hij bladert door het boek. Meteen vallen de invloeden op van Van Gogh, Marc Chagall en Gauguin. Of hij zelf werk van Werkman heeft? "Nee. Werkman is duur. De druksels gaan nog wel. Hij is heel beroemd geworden met zijn Chassidische legenden. Enorm complex; soms ging zo'n vel wel 200 keer door de machine. Iedere keer een kleurtje erbij. Bloedmooi." Hendrik Werkman kwam uit Groningen. Ook Geert Blijham is daar geboren, in de stad zelf, aan de Ossenmarkt.

Buschauffeur

Weer staat hij op. Hij pakt een lijst van de muur en legt die op schoot. Zijn grootvader van vaders kant, met dezelfde voor- en achternaam als hij, blijkt een van de eerste Nederlanders te zijn geweest met een rijbewijs. Deze opa kwam uit het hoge land van Groningen en was een busondernemer.

"Begin vorige eeuw kochten veel gemeenten in het noorden van het land een eigen bus. Alle mensen die daar woonden, moesten naar de stad en naar de markt. De stad was Groningen en de gemeenten verzorgden een busdienst voor de eigen inwoners. Maar als het slecht weer was, reed de bus niet. De ambtenaar die hem bestuurde, dacht: het regent, ik blijf thuis. Mijn grootvader vond dat maar niets. Dus kocht hij zelf een bus. Hij heeft zijn hele carrière opgebouwd rond zijn reputatie. Als Blijham je naar de stad rijdt, rijdt hij je ook weer terug."

Betrouwbaarheid, daar draait het volgens hem om in het leven. Volstrekte betrouwbaarheid. Toen de Tweede Wereldoorlog voorbij was, waren alle bussen geconfisqueerd en moest zijn grootvader nieuwe bussen kopen. Samen met vier anderen richtte hij een coöperatie op. Hij vroeg de burgers van Groningen of ze hem geld wilden lenen en schreef obligaties uit voor 150.000 gulden tegen 3,5 procent rente.

Zelf groeide hij op in het Friese Noordwolde, in de buurt van Wolvega. Een artsengezin met zeven kinderen. Zijn vader, die later zenuwarts in Groningen zou worden, was er huisarts. Praktijk aan huis, apotheek aan huis, altijd druk. "Toen ik een jaar of vier jaar was, reed ik vaak op mijn trapautootje door de praktijk van mijn vader. Ik kwam wel eens bij hem binnen en zei dat ik een pilletje wilde hebben. Hij zei dan: 'Ik heb wel een pilletje voor je, maar ik zou daar heeeeel langzaam op kauwen. Dat is een bijzonder pilletje, daarom staat het helemaal bovenaan.' Hij had een grote pot en daar haalde hij die pil uit. Wat ik niet doorhad, was dat er met grote letters placebo op stond."

Meer herinneringen. Vanzelfsprekend had zijn vader vlak na de oorlog een auto: "Maar als hij naar de boeren ging en de weg was slecht, dan ging hij op de motor. Dan mocht ik wel eens mee: voor op de motor naar de visite. Stoer."

Toen hij vijftien was, overleed zijn moeder aan borstkanker. "Zoiets tekent je. Ik had met haar een sterke band en die werd plotseling doorgesneden." Het heeft hem doordrongen van de tijdelijkheid der dingen en hij heeft erdoor leren relativeren. "Geluk is een moment dat overgaat", zegt hij. Zijn les: "Niet te veel tobben. Ook kunnen genieten. Gaan voor het beste, maar ook kunnen leven met het betere. Zo'n levenshouding kleurt je hoe je bent als mens, maar ook als arts of als bestuurder."

Geschiedenis

Achter het bureau van Geert Blijham in het UMC Utrecht hangen ingelijste kleurenfoto's. Het Colosseum in Rome. En Stonehenge, de mythische steenformatie in het zuiden van Engeland. Maar met druïdes en hun rituelen heeft hij niets. Hij schudt het hoofd: "Stonehenge is een prachtige plek. Veel geschiedenis. Als ik geen geneeskunde had gedaan, was ik geschiedenis gaan studeren." Hij zou het alsnog willen doen: "Ik ga in elk geval veel lezen."

Babyboomer

Blijham is van 1946. Een babyboomer. Hij kent de naoorlogse euforie uit eigen ervaring. "Bij iedere volgende onderwijsstap moest er een lokaal of een gebouw worden bijgebouwd. Op de dorpsschool werden de vijfde en de zesde klas uit elkaar gehaald. Op het gymnasium in Groningen kwamen er vier in plaats van twee eerste klassen. En toen ik ging studeren, werd er een aparte eerstejaarscollegezaal bijgebouwd omdat die hele lichting er niet in kon. Dat was nog voor de numerus fixus."

In Groningen ging hij naar de middelbare school, hij studeerde en promoveerde er en bleef er bijna tot zijn dertigste wonen. De Groningse jaren waren cruciaal vanwege de *sixties*. "Er veranderde heel veel aan de universiteiten. Ik houd van verandering. En ik vind het prettig als er spannende mensen zijn." Een geëngageerde student; er bestaat nog een foto waarop hij met lang haar is afgebeeld. Hij zat in het bestuur van de Groninger Studentenraad, het parlement van de lokale studenten. Ook Jacques Wallage en Job Cohen waren bestuurslid. Toch is hij geen actief partijpoliticus geworden. "Ik heb het idee dat ik alles wat ik mijn leven heb willen doen en verbeteren prima binnen mijn vak heb kunnen verwezenlijken."

Wereldspeler

Nog altijd ambitieus: "Het UMC Utrecht zal in de komende tien jaar de slag naar wereldspeler moeten maken. Je moet de vergelijking met de Verenigde Staten aandurven. Amerika is net zo groot als de Europese Unie. Er wonen evenveel mensen. Als je het in Amerika over topinstituten hebt, moet je het vergelijkenderwijs hebben over de topinstituten van Europa. Daar hoort het UMC Utrecht bij."

In Utrecht, zo is de strategie, wordt constant de verbinding gelegd tussen zorg voor kennis en kennis voor zorg. Uiteraard letten alle acht universitaire medische centra in Nederland daarop. "Maar bij ons is deze link dominant. Dit betekent dat je moet durven kiezen en investeren."

Investeren in *magnetic resonance imaging* (mri) bijvoorbeeld. Eind 2007 werd voor 20 miljoen euro een mri-scan met een magneetsterkte van zeven tesla aangeschaft, puur om wetenschappelijk onderzoek te doen, voornamelijk van de hersenen. "Als raad van bestuur hebben wij dat apparaat niet gekocht omdat we het een leuk speeltje vonden. Enkele van onze topmensen, onder wie psychiater René Kahn, wisten ons ervan te overtuigen dat ze er de komende vijf tot tien jaar ook op internationaal gebied veel mee kunnen bereiken. Dat is een belangrijke voorwaarde als je een Europese speler wilt worden."

■

Valorisatie

Blijham blijft op afstand verbonden aan het UMC. Hij wil eraan meewerken dat producten die in Utrecht worden ontwikkeld commercieel beschikbaar worden gemaakt. Dat heet 'valorisatie': de vertaalslag van expertise naar toepassingen. "Je moet een uitvinding even laten leren lopen. Het levert ons geld op en dat stoppen we weer in andere ontwikkelingen. Als je met belastinggeld iets uitvindt, moet zo'n idee niet op de plank blijven liggen."

Gangmaker

Blijham ziet zich als gangmaker en initiator, maar minder als een beheerder. Hij veert op. Leiding geven, legt hij uit, betekent vertrouwen durven geven en verantwoordelijkheid durven nemen. Het is zijn lijfspreuk. "Ik ben ervan overtuigd dat een organisatie als deze vol moet zitten met mensen die risico durven nemen en zo nodig een keer op hun bek durven gaan. Waarna wij ze bijstaan en overeind helpen. Dat is een manier van met elkaar omgaan. Het is geen doodzonde om een fout te maken. Maar het is wel een doodzonde om niet te willen leren van je fouten."

Ervaring, inzicht, empathie, *Fingerspitzengefühl*: wat staat er voorop bij deze topbestuurder? "Ik wil een probleem kunnen kantelen, een aspect laten zien waar mensen nooit aan hebben gedacht. Waar hebben we het over? Hoe zijn we in deze situatie terechtgekomen? Op die manier kun je een stukje brein aanboren."

Ja, hij is gefascineerd door de werking van de menselijke hersenen. "Ik zou ontzettend graag willen weten hoe mijn brein werkt. Wat doet het als ik een besluit neem? Blijkbaar trek ik dan in mijn hoofd een laatje open. Maar ik weet niet hoe het functioneert."

Zijn inspiratie haalt hij deels in de auto, achter het stuur, op weg naar huis. Wandelend, zittend, pratend: "Het komt regelmatig voor dat ik midden in een gesprek zit en na een half uur opeens in de gaten krijg: dit is de oplossing." Hij kent zijn eigen zwakheden. Hij zou graag willen schilderen, maar kan het niet. "Hoe krijgen mensen dat voor elkaar? Ze zien iets, het brein doet er iets mee en het gaat er via hun handen weer uit. Zo werkt het, mechanisch gezien. Ik zal het niet leren."

Medische misser

Uiteraard waren er niet alleen hoogtepunten. Enkele jaren geleden stierf er een kindje bij de afdeling cardiologie na een medische misser. Dat werd een rel, ook omdat de betrokken artsen onderling een uitermate slechte verstandhouding bleken te hebben. "Een menselijk en professioneel drama." Er volgde een intensief intern onderzoek. "De belangrijkste verantwoordelijkheid van een bestuurder is dat hij in staat is in te grijpen en de zaak weer op orde te krijgen. Het komt heel precies. Ik ben er een half jaar mee bezig geweest om de juiste oplossing te vinden. Uiteindelijk hebben we de hele afdeling vervangen."

Eerder verschenen in Skipr 01-2009

Eelco Damen: 'Kleinschalig heeft de toekomst'

Eelco Damen, bestuursvoorzitter van Cordaan, redde de Amsterdamse thuiszorg van de ondergang. Meer groeien hoeft niet voor hem. 'Geen grote instituten, maar samenwerken met woningbouwcorporaties'.

Eelco Damen (1955) gaat voor de inhoud. Hij wil veranderen en verbeteren. Starre beheersmodellen boeien hem niet. De organisatie en de financiën doen er zeker toe, maar komen op de tweede plaats. "Ik durf risico's te nemen. Absoluut."
Wat zijn drive is? "Vernieuwen in een sector die onder druk staat." Zijn visie? "Integratie van wonen en zorg voor ouderen en mensen met verstandelijke handicaps. Meer kleinschaligheid. Dat kan, maar dan in de wijk." Zijn doel: "Geen grote instituten neerzetten, maar samenwerken met woningbouwcorporaties."

∎

Van vrijwilliger naar directeur
Eelco Wilhelmus Coenraad Maria Damen wordt in 1955 geboren in Zeist. Hij studeert sociale wetenschappen, onder meer in Groningen. In 1985 begint hij als vrijwilliger bij de Riagg Groningen. Bij de Riagg Zwolle groeit hij door van hoofd afdeling preventie naar directeur beheer. In 1997 wordt Damen bestuursvoorzitter van de IJlanden in Amsterdam, dat in 2005 met de Verenigde Amstelhuizen opgaat in Cordaan en in 2007 fuseert met AGO. Cordaan neemt in juli 2008 Amsterdam Thuiszorg over. Daarmee wordt de thuiszorg voor tienduizenden Amsterdammers veiliggesteld.

Eelco Damen: 'Onze patiënten horen zich veilig én thuis te voelen'

Damen werd geboren in Zeist. Een middenklasseomgeving. "Niet aan de mooie kant van de bossen, maar aan de Utrechtse kant bij De Bilt. Prima plek." Hij studeerde interdisciplinaire sociale wetenschappen in Leeuwarden, Groningen, Utrecht en Amsterdam. In 1982, het jaar van zijn afstuderen, kwam hij niet aan de slag. Hij werd vrijwilliger in de geestelijke gezondheidszorg bij de Riagg in Groningen. Een jaar later was Damen freelancer voor de vereniging van sexuologie in Amsterdam. Een vrijere sexuele moraal en gelijkwaardigere relaties tussen man en vrouw hoorden bij de tijdgeest. Hij schreef een boek over daders van sexueel geweld, deels gebaseerd op ervaringen uit zijn eigen omgeving. Pas toen er een vaste baan in Groningen vrijkwam, kon hij 'het vernederende stempelen' op het arbeidsbureau achter zich laten.

Tegenslag

Damen kent de tegenslag en de keerzijden van het bestaan. Ook daarom zet hij zich in voor een ander imago van de *care*, de zorg voor ouderen, gehandicapten, psychiatrische patiënten en chronisch zieken. "We moeten veel creatiever kijken naar de manier waarop er in de zorg wordt gewerkt. Onze patiënten horen zich veilig én thuis te voelen. Dat kan, als de organisatie het wil."

Stimuleren en motiveren, dat is zijn métier. Zijn credo: nooit bij de pakken neerzitten en elke kans benutten om als zorgorganisatie beter te worden. "Mensen willen zo lang mogelijk normaal leven en zo lang mogelijk thuis blijven wonen als ze ouder worden. Prima. Dat wil iedereen. Organiseer dat dan ook goed. Dan heb je vaak meteen de goedkoopste oplossing te pakken."

Kwaliteit en prijs gaan onherroepelijk samen. Trots vertelt hij dat hij heeft besloten een franchiseovereenkomst te sluiten met de Martha Flora Huizen, een concept om kleinschalige zorgeenheden voor dementerende ouderen op te zetten waarbij zorg en wonen worden gecombineerd op basis van aandacht en kwaliteit. Een veelbelovend initiatief. "Eigen kamers. Goed personeel."

Uiteraard kost zo'n kleinschalige opzet geld. "Mensen zullen particulier moeten bijbetalen." Of daardoor een tweedeling in de zorg ontstaat? "Ja, maar er komt ook een ontwikkeling op gang, gefinancierd door private middelen, die aantoont dat het anders kan. Er ontstaat dynamiek. Wij hebben vastgelegd dat de meeropbrengst wordt gebruikt voor mensen die zich niets kunnen permitteren."

Katholiek gezin

Muren slechten, grenzen overschrijden: dat is zijn wereld. Hij is communicatief en doelgericht. Energiek en bescheiden. Donkere ogen, vasthoudende blik: zijn oogopslag doet afwisselend denken aan Paul Witteman en Thom Hoffmann. Damen is getrouwd met Heleen, een jeugdwerker. Ze hebben twee zoons, Martijn en Thomas. De een studeert sociologie in Amsterdam, de ander personeel en organisatie in Groningen.

Zelf komt hij uit een groot katholiek gezin; hij is de een na jongste van zeven jongens en een meisje. Vader was vakbondsman, oprichter en eerste directeur van het PGGM-pensioenfonds. Zijn moeder was musicus, ze speelde piano en orgel. Een familie met traditie, met een sociale en een culturele kant en met een familieorkest.

Zeist betekende veel natuur en uren dolen in de bossen, alleen, met vrienden en familieleden. Een enorme vrijheid. "Dat was belangrijk, eind jaren zestig. Er bestond een heel anti-autoritaire beweging. Al mijn oudere broers en mijn zus keerden zich tegen de tamelijk autoritaire verhoudingen bij ons thuis. Ik heb dat in zekere zin nagevolgd."

Zijn ouders waren belijdende katholieken, zijn vader een echte KVP'er. Net als alle oudere broers werd Eelco Damen geacht het katholieke gymnasium in Amersfoort te doen, dat werd geleid door de paters kruisheren.

Fanatiek zeezeiler

Damen is een fanatieke zeezeiler: "Als kapitein ben je verantwoordelijk, ook in zwaar weer." Hij heeft dat vaker meegemaakt: "Dan moet je blindelings op je bemanning kunnen vertrouwen. Alles moet snel en zorgvuldig. Er is geen tijd voor discussie en besluitvorming. Als schipper neem je de besluiten zelf. Werk je goed samen, dan kom je er doorheen." Wat hij daarvan heeft geleerd als leider van een organisatie in zwaar weer? "Koers houden, op basis van een snelle analyse de koers durven te verleggen, de zeilen reven of juist de motor bijzetten en indien nodig een veilige haven opzoeken. Dat laatste vereist de meeste stuurmanskunst om niet in het zicht van de haven te vergaan."

Boerenknecht

Hij vond het vreselijk in Amersfoort. Zijn gezicht vertrekt: "Het individu kreeg er geen ruimte. Er werd geslagen, er werd geknepen. Heel hard." Op zijn vijftiende werd hij van school verwijderd, nadat hij de lange flappen aan het habijt van een pater voor het zicht van de klas had vastgebonden aan een stoel.

Damen werd boerenknecht op een gemengd bedrijf in Driebergen. Hij zwijgt even. "Ik heb alles gedaan. Koeien melken, hooien, ploegen, eggen." Elke ochtend om zes uur stond maakte hij de stal schoon. "Ik wilde iets doen. Maar toen ik wekenlang op de tractor had gezeten om 40 hectare gras te maaien, dacht ik: dit is ook niet wat ik wil."

Op zijn zestiende besloot hij naar de montessorischool in De Bilt te gaan: "De enige keer dat ik mijn vader heb zien huilen, was toen ik hem zei dat ik het huis uit ging om op kamers te wonen. Voor zijn gevoel was dat zijn falen. Dat ik die katholieke school niet afmaakte, was ook zijn nederlaag."

De vernieuwende sfeer en cultuur van het montessorionderwijs deden hem goed. Hij kon zich ontplooien en deed eindexamen vwo met een acht gemiddeld: "Ik heb daar geleerd te kiezen voor de dingen waarin ik werkelijk geïnteresseerd ben."

Damen had ook kunnen ontsporen. "Ik heb een vriend gehad die dacht dat hij Jezus was. Hij ging aan de LSD. Hij is in de psychiatrie terechtgekomen en er niet meer uitgeraakt. Ik dacht: dat niet. Ik heb nooit drugs gebruikt."

Tropenjaren

Hij is geen jobhopper. Na bijna vijf jaar Groningen vertrok Damen naar de Riagg in Zwolle. Zijn directeur was bijzonder vernieuwend en inspirerend: "Die man heeft me enorm gestimuleerd. Door hem heb ik me kunnen ontwikkelen." Vijf jaar later was Damen zelf directeur beheer: "Ik realiseerde me dat je de inhoud niet voor elkaar kunt krijgen zonder een goede bedrijfsmatige aanpak." Hij leidde enkele nieuwbouwprojecten, werkte aan de vernieuwing van de geestelijke gezondheidszorg in Overijssel en bevorderde de samenwerking tussen de psychiatrische ziekenhuizen en de instellingen voor beschermd wonen.

Daarna volgde Amsterdam; in Zwolle kon hij inhoudelijk niet verder: "Ik hou van beslissen. Afwachten is zonde." Hij werd verantwoordelijk voor een organisatie in de verstandelijke gehandicaptenzorg die in grote financiële problemen bleek te zijn geraakt. "Ik ben twee jaar bezig geweest een faillissement af te wenden. Geweldige stress. Tropenjaren. Het ging om een bedrag van 50 miljoen gulden dat niet was gedekt op een omzet van 70 miljoen. Dat zou in de huidige tijd niet meer denkbaar zijn."

Damen saneerde en reorganiseerde. Dat kan alleen als je een visie hebt, zegt hij: "Mensen met verstandelijke beperkingen hebben ook veel mogelijkheden. Ze kunnen nog heel veel. Op die mogelijkheden moet je je richten. Je moet ze niet uitsluiten van de samenleving. Je moet ze helpen zichzelf te ontwikkelen, een rol te vervullen en te participeren."

Zwarte cijfers

Netwerker Damen is voorzitter van Sigra. Daarin werken bijna zestig Amsterdamse zorginstellingen samen: de (academische) ziekenhuizen, de verpleging en verzorging, de geestelijke gezondheidszorg en de thuiszorg. Als bestuursvoorzitter van Cordaan, een samenstel van zorg- en wooncentra in Amsterdam en omgeving, nam hij in 2008 een grote thuiszorgorganisatie over. Damen is verantwoordelijk voor bijna 9.000 medewerkers en een omzet van 340 miljoen euro (2008).

Oude schoenen

Nog altijd werkt hij hard, al wil hij zich geen workaholic noemen. Ja, hij maakt dagen van twaalf uur en altijd staat zijn agenda vol met afspraken. "Soms is er bijna geen tijd voor de persoonlijke verzorging." Maar thuis trekt Damen zijn oude schoenen aan en holt hij meteen de polder in, ten noorden van de hoofdstad waar hij sinds kort woont.

Vroeger was hij linkser georiënteerd, maar hij is vele jaren lid van de Partij van de Arbeid geweest. Toch heeft hij het SP-manifest 'Stop de marktwerking in de zorg' ondertekend. De PvdA laat zich volgens hem de kaas van het brood eten door de SP die wél ziet wat er mis is, bijvoorbeeld in de thuiszorg. "De PvdA laat kansen liggen om de vernieuwing van het publieke domein in relatie tot de marktwerking tot haar eigen terrein te maken. Ze moet veel creatiever zijn en met oplossingen komen. Maar de visie op de toekomst onbreekt en er is geen ruimte voor vrije discussie. Alles wordt ondergeschikt gemaakt aan de korte termijn politieke doelstellingen."

Aandacht

Zijn meest relevante persoonlijke ervaring met de zorgsector was het dementeringsproces van zijn moeder: van thuiszorg naar verzorgingshuis. Toen haar 'zorgvraag' volgens het huis te zwaar werd, vonden de kinderen een klein woonzorgcentrum waar acht ouderen wonen en zorg krijgen. Er moest worden bijbetaald bovenop de AWBZ: "Zij heeft er terwijl ze ernstig dementeerde en niemand herkende een humaan levenseinde gehad."

Inderdaad: er moet veel worden gedaan om de kwaliteit te verbeteren. Welke kwaliteit? "De kern van de kwaliteit van zorg is de relatie tussen de zorgverlener en degene die zorg nodig heeft. Er moet meer aandacht komen voor de patiënten." Medewerkers moeten beter worden opgeleid. "We trainen ze en helpen ons personeel zich te ontwikkelen. Dat gaan we samen doen met het Academisch Medisch Centrum in Amsterdam en met andere onderwijsinstellingen in de hoofdstad. Je moet investeren. Je komt er niet door de zorg uit te kleden en laaggeschoolde schoonmakers van niet-Nederlandse origine in de thuiszorg in te zetten."

Eerder verschenen in Skipr 02/03-2009

Jopie Nooren: 'Af en toe geen antwoord'

Wie in de gezondheidszorg werkt, moet aanvaarden dat hij af en toe geen antwoord heeft. Jopie Nooren: bestuurder van Lunet zorg in Eindhoven: 'Ook ons personeel moet leren accepteren dat er grenzen zijn.'

Jopie Nooren (1961) weet wat het betekent om tegen de wind in te fietsen. Toch neemt ze het leven zoals het komt: "Soms zit het mee, soms zit het tegen." Haar moeder lag lang ziek in een verpleeghuis. Zelf heeft zij aan beide handen een zenuwbeknelling, een carpaaltunnelsyndroom, waaraan ze zich niet wil laten opereren. Haar oudste dochter heeft een verhoogde hersendruk; de afgelopen jaren is zij vele malen geopereerd in het Wilhelmina Kinderziekenhuis in Utrecht.

Nooren: "De medewerkers van dat ziekenhuis doen hun best, maar ze kunnen nog geen blijvende oplossing bieden. Ze plaatsen steeds weer een drain. Die werkt even en dan weer niet. Ik heb van mijn eigen ervaringen in de zorg geleerd dat veel ongenoegen te maken heeft met communicatie. Het is geen gewoonte van het personeel bij een zorginstelling om te erkennen dat ze soms niet weten hoe het verder moet."

Wie in de gezondheidszorg werkt, moet durven aanvaarden dat hij af en toe geen antwoord heeft, zegt Nooren, bestuurder van Lunet zorg in Eindhoven, een instelling voor gehandicapten met 2.100 cliënten, 2.000 medewerkers en 1.000 vrijwilligers. Ook haar eigen personeel mag niet meer beloven dan het kan waarmaken. "Juist nu we steeds vaker te maken krijgen met calculerende burgers." Voor sommige personeelsleden is het moeilijk om nee te verkopen: "Ons personeel is heel betrokken en heeft veel over voor zijn werk. Maar iedereen moet leren accepteren dat er grenzen zijn."

Jopie Nooren: 'Bij innovatie hoort per definitie dat iets kan mislukken'

∎

Docent, bestuurder

Johanna Elisabeth Anna Maria Nooren is op 25 juni 1961 geboren in Breda. Sinds 2008 is zij lid van de raad van bestuur van Lunet zorg voor mensen met een lichamelijke of verstandelijke beperking. Ze studeerde ergotherapie in Heerlen en beleid en management in Rotterdam. Van 1991 tot 1997 was ze universitair docent aan de Erasmus Universiteit en daarna beleidsmedewerker en manager bij Zorgverzekeraars Nederland. In 2003 werd zij directeur van de VGN, de Vereniging Gehandicaptenzorg Nederland. Nooren zit in de raad van toezicht van het Wilhelmina Ziekenhuis in Assen.

Hooien

Jopie Nooren komt van de boerderij. Haar vader had een gemengd bedrijf van 20 hectare met koeien en varkens. Melken mocht ze niet, maar het zomerse hooien vond ze heel plezierig. Van haar vader kreeg ze mee wat maatschappelijke betrokkenheid inhoudt: "Hij was de helft van de tijd bestuurlijk actief. Mijn vader zat onder meer in het kerkbestuur, het bestuur van de Boerenbond, het waterschap en het bestuur van het CDA in Breda. Thuis hadden we het vaak over politiek. Niet al mijn broers en zussen vonden dat interessant, maar ik wel. Ik ben nog steeds geboeid door politieke kwesties. Dat komt door hem."

Zij groeide op in een ambitieuze, katholieke omgeving. Haar vader is van 1927, haar moeder van 1928: "Ze hadden allebei willen studeren, maar daar is het vlak na de Tweede Wereldoorlog niet van gekomen. Mijn moeder wilde verpleegkundige worden. In het toelatingsgesprek zei ze dat ze een vriendje had, dus mocht ze de opleiding niet doen. Mijn vader was de jongste van zeven kinderen. Hij moest de boerderij van mijn grootvader overnemen; hij wilde niet dat een van zijn kinderen later boer zou moeten worden."

Haar jongere broer deed de Landbouwhogeschool in Wageningen. Hij wilde emigreren naar Canada, maar begon als een van de eersten in Nederland een geitenmelkerij en -fokkerij met een paar honderd dieren in Schijndel. Dat gebied was ongeschikt voor koeien. "Mijn ouders zijn na 75 jaar van West- naar

Oost-Brabant verhuisd. Mijn vader werkt nu een tot twee dagen per week bij mijn broer op het bedrijf. Verbouwingen, melk scheppen en andere klusjes."

Ze zat op een katholieke kleuterschool waar alleen nonnen lesgaven en op een katholieke lagere school. Later ging ze naar een katholieke middelbare school. Twee van de zes docenten op de basisschool waren non: "Dat vond ik niet vervelend. Je had aardige en onaardige nonnen, zoals dat bij alle mensen het geval is."

Als vijfjarig meisje, herinnert zij zich, moest ze op de fiets vlees naar de nonnen brengen; een kwartiertje rijden. De nonnen woonden naast de kerk. Ze kreeg aardappelschillen terug voor de varkens. "Ik vond dat heel vreemd. Dat zegt iets over die tijd." Later zong ze in een kinderkoor: "Als kind ging je eerder alleen op pad. Je ouders fietsten misschien één keer mee naar school. Daarna reed je met je broers of zussen heen en met je vriendinnetjes terug."

Tegenwoordig voeden ouders hun kinderen minder zelfstandig op: "Veel ouders staan bijna kritiekloos achter hun kinderen. Maar voor mij zijn er altijd twee kanten aan een verhaal. Dat zeg ik ook tegen mijn eigen kinderen. Gedrag roept gedrag op."

Eigen daden

Haar gedachtegoed is sterk beïnvloed door de humane aspecten van het progressieve rooms-katholicisme zoals dat in de jaren zeventig en tachtig van de vorige eeuw in West-Brabant werd beleden: "Ik ga ervan uit dat we verantwoordelijk zijn voor onze eigen daden. Je moet het zelf doen. Elk individu is aan te spreken op zijn manier van handelen, juist binnen een groep. Daarnaast heb je natuurlijk de positieve kant van het katholicisme: feesten, samen iets van het leven maken. Zorgzaamheid, dat hoort er ook bij."

Nooren maakt verschil tussen geloof en de kerk als instituut: "Ik ben erop afgeknapt dat de regel in de katholieke kerk belangrijker is dan het doel. De bedoeling van het geloof is goed. Het gaat om universele waarden als naastenliefde. Daarvoor hoef je niet gelovig te zijn. Geloven is echt gelóven. Je kunt het niet bewijzen. Mijn opvatting is dat je het in dit leven moet doen, niet in het hiernamaals."

Geloof is voor haar geen looprek voor mensen die wankel in het leven staan: "Ik kende mensen die heel gelovig waren en daar veel kracht uit putten. Voor hen was dat zingeving. Daar gaat het om. Eigenlijk mis je iets als je dat besef niet hebt."

Als agnost kan zij respect opbrengen voor de warmte en de geborgenheid van een geloof. Daarom is het humanisme niet aan haar besteed: "Als je doordenkt, is het humanisme erg individualistisch. In deze levensbeschouwing staat het 'ik' heel centraal. Dat bevalt mij als groepsmens minder."

'Wie goed doet, goed ontmoet', is een leus die haar meer aanspreekt. Een christelijke gedachte, maar daarachter schuilt een brede filosofische wereldbeschouwing.

Ze knikt instemmend en de knopen van haar jasje rinkelen ritmisch mee op tafel: "Immanuel Kant, de Duitse filosoof die eind zeventiende eeuw leefde, verhief het tot een principe dat je een ander niet aandoet wat je niet wilt dat jou wordt aangedaan."

∎

Ambities
Zij komt uit Liesbosch (gemeente Breda). Haar vader was boer; ze is de derde van vijf kinderen. Een huis vol energie en ambities: "Dat zit in de genen." Sociale mobiliteit stond voorop: "We moesten verder komen. Jullie krijgen de kans, jullie moeten die benutten en studeren, zeiden onze ouders." Echte Brabanders: "Onze familie woont al eeuwenlang in het zuiden." Soms klinkt de zachte 'g' nog door. Maar haar tongval is niet typisch Brabants, vanwege omzwervingen door het zuiden, het oosten, het zuidwesten en het midden van Nederland, waar ze in de psychiatrie, aan de universiteit en als bestuurder van een koepelorganisatie heeft gewerkt.

Terughoudend

Nooren is lid van de PvdA, maar ze manifesteert zich terughoudend binnen de werkgroep Patiënt Centraal en het Vrouwennetwerk. Dat komt door haar vorige baan, als directeur van branchevereniging VGN: "Daar onderhield ik met alle partijen goede contacten." Lokaal is ze wel politiek actief. In de gemeente Montfoort, waar zij met haar gezin woont, werken alle progressieve partijen samen; ze is er bestuurslid van het Progressief Akkoord.

Leidinggeven betekent voor haar "enthousiast richting geven". Ze wil haar medewerkers motiveren: "Het mooiste is als iemand aangeeft dat hij gestimuleerd wordt om het beste van zichzelf boven te halen en als je merkt dat we allemaal dezelfde kant op willen." Sturend leiderschap? "We moeten het met elkaar doen. Wat heeft de ander nodig om zijn werk beter te doen? Dat is een belangrijke drijfveer."

Nooren: "Als een leidinggevende in het management van onze organisatie bijvoorbeeld een financiële overschrijding constateert, ga ik ervan uit dat hij of zij zo snel mogelijk zelf aan de bel trekt en zo nodig om ondersteuning vraagt. Dat is de individuele verantwoordelijkheid. Pas als iemand niet zelf het heft in handen neemt, hoort de directie in te grijpen."

Ze weet wanneer ze optimaal functioneert: "Je moet inhoudelijk sterk in je schoenen staan." Ze wil ook altijd in de praktijk kijken wat er gebeurt. Daar vindt zij haar voorbeelden. "Als ik zie wat er op de werkvloer speelt en weet wat iets in de praktijk voor het personeel betekent, dan kan ik betere beslissingen nemen."

Nooren is voor permanente kwaliteitsverbetering van de gezondheidszorg. Daarvoor zijn prikkels nodig, goede voorbeelden en een vorm van prestatiedenken: "Als we willen dat de zorg blijft innoveren, moet er zo nodig fors worden geïnvesteerd. Wordt er niet geïnvesteerd, dan ontwikkelt een organisatie zich niet verder. Bij innovatie hoort per definitie dat iets kan mislukken of in de praktijk niet werkt. Dat moet je accepteren."

Geen dogma

Voor haar is 'meten is weten' geen dogma. Daarom ergert ze zich eraan dat alternatieve geneeswijzen worden weggehoond door voorstanders van de natuurwetenschappelijke benadering: "Het is arrogant om te doen alsof alles verklaarbaar is en op feiten moet zijn gebaseerd. Ziekten waarvoor eerst geen diagnose bestond, zijn in kaart gebracht; ze hebben een naam gekregen. Het is dus beter om te erkennen dat we soms iets niet weten. Mensen verschillen van elkaar. De één voelt dingen aan. De ander heeft niets in de gaten. Is dat zintuiglijk te plaatsen? Nee."

Eeuwige probleem

Geld is het eeuwige probleem in alle discussies over de zorg. Een aantal innovaties leidt op termijn onherroepelijk tot hogere kosten. Neem de crisisbedden in de gehandicaptenzorg: "Voor deze cliënten met een complexe zorgvraag moeten specialistische zorg en ondersteuning beschikbaar zijn. Het geld dat we hiervoor krijgen, dekt de kosten niet. Moeten we die bedden dan maar opheffen? Wij doen dat niet."

Nooren: "We willen een gevarieerd woningaanbod. Beschermde woonparken voor hen die daar altijd hebben gewoond en voor mensen die moeilijk in de maatschappij kunnen wonen, bijvoorbeeld vanwege ernstige gedragsproblemen. Maar als het even kan, kiezen we voor wonen midden in de wijk. Dan houd je de bestaande sociale systemen in stand."

Of deze aanpak kostbaar is? "Niet als je enige schaal in de kleinschaligheid doet. Wij zijn voor gekoppelde groepen van bijvoorbeeld vier keer zes personen. Zes mensen per huis met daarnaast een ander huis, zodat de begeleiders elkaars achtervang kunnen zijn. Er wordt een wijksteunpunt voor ons ingericht. Daaruit kan zorg aan huis worden verleend. Soms zijn er dagactiviteiten. Zo ondersteunen we in totaal zo'n vijftig mensen vanuit één locatie."

De ouderenzorg kan hiervan leren niet alles in één centrum te lokaliseren: "Ook voor de ouderenzorg zou ons kleinschalige model werkbaar kunnen zijn. Op sommige plekken werken we al met hen samen. We doen dat om de zorg in een wijk te garanderen én om deze betaalbaar te houden."

Eerder verschenen in Skipr 04-2009

Ed Cools: 'Hoe meer regels, hoe meer vreugde'

Vernieuwen door vele kleine stapjes te zetten. Dat doet Ed Cools, een Vlaamse Belg die de Nederlandse ouderenzorg de menselijke maat teruggaf. Alles draait om attente dienstverlening: 'Van zorg tot service, voor sjiek en sjofel.'

Soms snapt hij niets van de Nederlandse regelgeving. "Iedereen zegt ziek te worden van de vele regels in de zorg. Ik beweer: Hoe meer regels, hoe meer vreugde. Achter elke regel zit een kans, want anders stellen de Nederlanders deze regels niet op. Daar moet je gebruik van maken."

Op de vraag of dit Vlaams denken is, antwoordt hij volmondig 'ja'. Katholiek denken? "Dat ook. Ik heb geleerd buigzaam te zijn, me aan te passen en kansen te benutten."

Ed Cools (1953) komt uit een Vlaamse familie die in Antwerpen een bouwbedrijf bezat. De betere middenklasse, niet-praktiserende katholieken, een groot huis in het centrum van de stad. Hard werken was het credo van zijn grootvader, een ingenieur uit Wallonië en een verre verwant van de Waalse politicus André Cools, die begin jaren negentig van de vorige eeuw werd vermoord. Een politiek milieu: zijn grootvader en zijn vader waren gemeenteraadslid voor de sociaal-liberalen, al was zijn grootvader voor de zekerheid lid van alle partijen: "Ik ben van huis uit geïnteresseerd in de politiek. Dat is er met de paplepel ingegoten."

H.5

Ed Cools: 'Een beetje discipline zou voor Nederland ook niet altijd even slecht zijn'

Goed glas wijn

Ed F.L. Cools is een bourgondische Vlaming. Hij houdt van 'een pintje' en van een goed glas wijn. Cools wordt op 5 mei 1953 geboren in Antwerpen. Hij woont in Amsterdam waar hij enkele directiefuncties in de ouderenzorg heeft gehad. Sinds 1999 werkt Cools in het Gelderse Velp, vanaf 2003 als voorzitter van de raad van bestuur van Innoforte. Hij is verantwoordelijk voor negen locaties waar ouderen worden verzorgd en verpleegd en voor een thuiszorgdienst. Innoforte telt bijna 500 medewerkers; de totale omzet bedraagt in 2008 30 miljoen euro.

We spreken elkaar in 't Jagthuis, een kleinschalig centrum voor dementerende ouderen aan de Hoofdstraat in het Gelderse Velp. 't Jagthuis is een voormalig verzorgingshuis dat is getransformeerd tot een modern verpleeghuis. Het is het pronkstuk van Innoforte, de zorgorganisatie waaraan Cools leiding geeft. Kleinschalig wonen: er is plaats voor zestig psychiatrisch-geriatrische patiënten. Ze hebben eigen appartementen van ruim dertig vierkante meter, een eigen keuken en eigen sanitair. In feite zijn het acht huisjes voor gemiddeld zeven bewoners met een zorgteam dat voor hen kookt. Geen centrale keuken: "Die hebben we opgedoekt."

Pralines

Ed Cools loopt weg om enkele folders te halen. Klein, mager, zwart hemd, zwarte pantalon. Welbespraakt en met een driedaagse baard. Hij keert terug met een doosje bonbons. Hij heeft ze gekocht bij Pompadour, de Belgische patisserie in de Amsterdamse Huidenstraat: "Echte pralines, niet van die Hollandse nepchocola. Ik ben daar vaste klant."

Vrijgevig en charmant: een levenskunstenaar. Maar Cools is meer dan een prettige causeur. Hij is een doener én een bekwame lobbyist. Hij weet wat het betekent om zich de blaren op de tong te kletsen voor de juiste zaak. Zonder goed verhaal krijg je even weinig voor elkaar als zonder feitenkennis, stelt hij. Door te overtuigen krijgt hij telkens andere politici én het ministerie mee, maar ook het College bouw zorginstellingen of een geïnteresseerde sponsor. De inboedel van de caféruimte in 't Jagthuis, die recentelijk werd heropend, is geschonken door het Rooms-Katholiek Oude Armenkantoor in Amsterdam. De lange tafel en de klassieke stoelen zijn afkomstig van een Nijmeegs fonds, de vleugel is een gift van de vrienden van 't Jagthuis.

Symboliek

Humanist, man van de vrijheid. De ene kant van zijn familie was liberaal, de andere gelovig. "Ook ik ging 's zondags naar de kerk. Een Latijnse mis met drie heren en veel wierook. Prachtig, die rituelen. Die symboliek sprak mij aan."

Tijdens zijn middelbareschooltijd liet hij zoals velen het geloof vallen. Hij bezocht een Antwerpse kostschool die werd geleid door paters jezuïeten. "In België gingen de leerlingen altijd in een pak naar school. Blauw en grijs. Wit hemd, stropdas. Je werd geacht in de rij te gaan staan. Een beetje discipline." Terloops voegt hij daaraan toe: "Dat zou voor Nederland ook niet altijd even slecht zijn."

Cools werd klassespreker. Er was een schoolparlement: "Je werd geacht veel te praten, te pleiten en uit te leggen waarom je ergens voor of tegen was. Met argumenten overtuigen." Hij heeft er een goede tijd gehad, al moest hij voor tentamens altijd 'goed blokken'. Een prettige bijkomstigheid was de uitstekende keuken.

Op zijn veertiende kwamen zijn vader en moeder om het leven bij een verkeersongeval. Doffe ogen: "Ik was maar een jongen. Een auto-accident in de buurt van Antwerpen. Ze probeerden een motorrijder te ontwijken. Mijn vader was op slag dood, mijn moeder heeft nog even geleefd. Ik heb geluk gehad dat we samen met onze grootouders in één huis woonden. Zij hebben me geweldig opgevangen." Toen Ed Cools twintig was, stierf ook zijn broer bij een verkeersongeluk. Net als bij zijn ouders gebeurde dat tijdens een storm: "Het is allemaal heel pijnlijk geweest. Maar je moet vooruitkijken in het leven. Achterom zien brengt je niet verder. Ik had mijn grootouders. Zij hebben veel met mij gepraat."

Hugo Claus

Ed Cools houdt van de boeken van Hugo Claus. Ook de voorstellingen van de 'revolutionaire cultuurmaker' Gérard Mortier kunnen hem bekoren. Het werk van Jan Siebelink, de Nederlandse schrijver die uit Velp komt, boeit hem minder. "Ik ben begonnen aan *Knielen op een bed violen*. Te zwaar. Protestants. Ik heb het snel dichtgeklapt. Dat kan ik niet aan."

Goed restaurant

Cools zwiert door 't Jagthuis. Hij wijst naar de overkant van de straat, daar staat Nieuw-Schoonoord. Hij heeft er een modern woon-zorgcomplex van gemaakt. De beschermde, monumentale façade is gebleven, daarachter bevinden zich ruime koop- en huurappartementen van 100 vierkante meter elk. De vraag is groot: "We hebben een wachtlijst van 300 personen." Er bevindt zich een goed restaurant dat druk wordt bezocht door mensen uit de wijde omgeving. Er zit een kinderdagverblijf in en een dienstencentrum van de gemeente waar buurtbewoners kunnen bridgen en klaverjassen. Wie meer zorg of extra hulp wil, bijvoorbeeld een uur schoonmaak, kan dat inkopen aan de hand van een catalogus.

Innoforte is er 'voor sjiek en sjofel', benadrukt Cools telkens. Sjiek betekent dat het aangenaam moet zijn. Sjofel is de 'platte AWBZ'. Recentelijk is er vlakbij nieuwbouw gepleegd: Oosterwolde, een klassiek verzorgingshuis met appartementen van 60 tot 77 vierkante meter. Het wordt betaald uit de AWBZ. Maar het ziet er ruim en licht uit en er is volop gewerkt met kleur en kunst.

"In Nederland is de zorg veel te veel gescheiden", zegt hij. Daarom hebben de lokale huisartsen samen met Innoforte het initiatief genomen een geïntegreerd eerstelijnscentrum te beginnen. Daar bevinden de thuiszorg van Innoforte, de huisartsen, de farmacie en de paramedici zich bij elkaar. "Een huisarts die een probleem heeft, zegt 'Innoforte zit om de hoek'. En wij hebben meteen binding met potentiële nieuwe klanten."

Geen autofan

Cools is nooit een autofan geweest; begrijpelijk. Hij reist met de trein. Amsterdam-Velp in één uur en tien minuten, 's ochtends om zeven of om acht uur heen met de internationale trein naar Duitsland. Overstappen in Arnhem. Eerste klas: "Dit is het beste van twee werelden. Ik neem lekker een tas koffie, ik lees mijn stukken. Ik kan er bellen." Te voet is hij in twee minuten op zijn werk. De omgeving bekoort hem: de heuvels van de Veluwe, het rivierenlandschap van de IJssel. Nee, hij kan niet fietsen: "Dat heb ik nooit geleerd." Dus bezoekt hij alle locaties te voet.

Hij houdt van het spoor. "In de trein gebeurt altijd iets." Regelmatig reist hij naar Antwerpen, dat duurt twee uur. Hij heeft er vrienden en familie wonen, ook in Brugge en Gent. De Vlaamse cultuur spreekt hem nog altijd aan: "Daar liggen mijn wortels."

Amsterdam, waar hij met veel plezier woont, is een 'erg prettige, maar drukke stad'. Zodra de trein Antwerpen binnenrijdt, wordt hij 'tranquilo', een woord dat hij heeft geleend van zijn vele Zuid-Amerikaanse vrienden met wie hij graag de sportschool bezoekt.

In Antwerpen voltrekt zich een vast ritueel. Koffie drinken bij de Bourla Schouwburg: "Dat is een grote bonbondoos. Heerlijk, al dat eten en die patisserie, met die madammen en allemaal mensen die zich omkleden als ze ergens naartoe gaan. Dan voel ik me gelijk thuis." Als hij 's avonds terugkeert in Amsterdam, gaat zijn hart opnieuw open. Dan staat er iemand met een gitaar bij het Centraal Station en slaat de hasjlucht hem tegemoet. Of hij zelf hasj gebruikt? "Ik ben geen roker, maar ik heb het wel eens geprobeerd."

Belgisch café

In 1983 wordt Ed Cools directeur van het verzorgingshuis De Gooyer in de Amsterdamse Dapperbuurt. Meteen stelt hij het welzijn van de bewoners voorop: "Belgisch café erin, mooie keuken, Vlaams buurtrestaurant." Cools wil dat de zorg naar de mensen komt. Ook in een verzorgingshuis moeten mensen kunnen wonen die verpleging nodig hebben. Hij krijgt er een prijs voor. Samen met een woningcorporatie verwezenlijkt hij kleinschalig wonen voor bejaarden in eigen appartementen. Die aanpak kijkt hij af van Jef Pelgrims in het Belgische Essen. Later neemt Hans Becker van het Rotterdamse Humanitas deze benadering over. Cools is eerder, maar Becker wordt er bekend mee.

Menselijke maat

In de zorg gaat het altijd om aandacht, om tijd, om dienstverlening en om de menselijke maat. Hij maakt een gebaar met zijn vingers: *Fingerspitzengefühl*. "Bij Innoforte gaan we van zorg naar service. We stellen het welzijn voorop door mooie gebouwen neer te zetten en een aantrekkelijke inrichting te maken. We proberen de mensen een aardige en waardige oude dag te geven. Aardig, van plezier, ook als je oud en ziek bent. En waardig, omdat het een kunst is op een prettige manier je laatste dagen te slijten."

Hij is tegen grootschalige fusies: "De kleinschaligheid is de sterkte van onze serviceorganisatie. Ik geloof niet in grote concerns. Ze zijn afstandelijk en kil. De bewoners worden er als nummers behandeld. Ze wilden mij ook bang maken. 'Ed, als je niet meedoet, dan nemen we je over.' Wie dat waren? De bazen van Sensire en Meavita. U weet hoe het daarmee is afgelopen. Ze kwamen hier in het kader van de WMO. Het was een speelse opmerking met een serieuze ondertoon. Maar toch. Je bent veel te klein. Ik heb er slapeloze nachten van gehad."

Of hij een strenge baas is? Nee, eerder geduldig, vindt hij zelf, al streeft hij naar hoge kwaliteit: "Tegen mijn werknemers zeg ik altijd: Ik leg een probleem tien keer uit. De elfde keer moet je een keuze maken. Je gaat weg of je blijft hier. Blijf je hier, dan heb je een mooie baan. Anders kun je beter vertrekken."

Eerder verschenen in Skipr 05-2009

Emile Lohman: 'Samen trek je door de woestijn'

Verandermanager Emile Lohman laat zich inspireren door de profeet Mozes: 'Je moet leren met andere ogen te kijken. En een besluit durven nemen.'

Emile Lohman (1947) ontwijkt niet graag vragen. Slechts op de vraag wat hem drijft, valt er een stilte. Met zachte stem wijst de gelouterde bestuursvoorzitter van het UMC St Radboud Nijmegen op een diep ingrijpende, persoonlijke ervaring: "Dat ik er nog ben, is een godswonder."

Op zijn achttiende had hij een ernstig motorongeluk. Zijn ouders dachten dat hij op een brommer reed, maar het was een echte motor en hij had een rijbewijs. Zijn helm was gespleten: "Ik was dwars op een Volkswagenbusje ingereden. Frontale botsing in Roelofarendsveen, op een bruggetje, vlakbij de huisarts. Ik maakte een salto op de dakrand, sloeg over het busje heen en kwam achter de wagen op mijn hoofd terecht."

Niet zijn schuld, maar hij had zwaar nek-, rug- en beenletsel. Zijn gezicht lag open, de rechter neusvleugel was losgescheurd, zijn knieën waren kapot: "Allemaal hersteld." Wie goed kijkt, ziet een lichte verkleuring bij zijn neus.

Het lichamelijke leed is de helft van het verhaal. Toen hij herstellende was, zochten zijn boezemvrienden Leo Beuk en Do van Niekerk hem op; samen op één brommer. Alle drie zaten ze op het Leidse Bonaventuracollege. Onderweg naar huis, op de Singel, slipten de vrienden. Ze kwamen onder een vrachtwagen en waren op slag dood: "Dit was een cruciaal moment in mijn leven. Ik heb er lang over gedaan om te verwerken dat ik er wel mocht zijn en Leo en Do niet. Dat besef heeft me achteraf een enorme impuls gegeven om mijn leven zinvol door te brengen."

Emile Lohman: 'Wie het vervelend vindt om bij ons te werken, kan beter vertrekken'

H.6

NOS, Radboud

Emilius Anthonius Raphaël Jozef Lohman is geboren op 24 oktober 1947 in Oude Wetering (Zuid-Holland). Hij studeert andragogiek aan de Universiteit van Amsterdam. Hij wordt sociaal raadsman van de gemeente Amsterdam en in 1976 personeelsfunctionaris bij het NOS facilitair bedrijf in Hilversum, daarna manager operationele productie tv, directeur radio NOS facilitair bedrijf/NOB, lid kernteam NOB en directeur financiële en sociale zaken bij de NOS. Van 1991 tot 1998 is Lohman directeur sociale zaken van de Koninklijke Bijenkorf Beheer KBB. In 2000 komt hij aan het hoofd te staan van het Onze Lieve Vrouwe Gasthuis te Amsterdam, zes jaar later wordt hij bestuursvoorzitter van het UMC St Radboud Nijmegen. In 2010 wordt hij voorzitter van de raad van toezicht van Cordaan.

Tomeloos

In sommige opzichten is Emile Lohman nog altijd 'tomeloos', zoals hij het zelf zegt. Hij maakt een energieke en montere indruk. Hij heeft zijn passie, zijn idealen, een missie en een *drive*: er moet een andere, zakelijkere dynamiek in de ziekenhuiswereld ontstaan: "Dat is in de eerste plaats een attitudekwestie. Mensen moeten het fantastisch vinden om hier te werken. Er is een bepaalde manier van omgaan met elkaar en met de patiënt nodig. Wie het vervelend vindt om bij ons te werken, zit zichzelf in de weg en kan beter vertrekken."

Hij kent de smaak van het succes. Niet voor niets wordt Lohman een inspirerende *turnaround-manager* genoemd. En in 2010 werd hij gekozen tot 'Zorgmanager van het Jaar'. "Het is mijn vak mensen te laten veranderen in hun werksituatie. Pedagogie voor volwassenen: ik heb geleerd veranderingsprocessen te leiden en te begeleiden." Elke grote verandering voltrekt zich volgens fases en vaste patronen: "Een leider moet de structuur herkennen en op de juiste knoppen drukken."

Vanuit dit perspectief zette hij het Hilversumse omroepproductiebedrijf NOB op de rails. Hij werkte mee aan een aantal reorganisaties bij het voormalige KBB-concern waartoe De Bijenkorf en de HEMA hoorden. Onder zijn aanvoering werd het Onze Lieve Vrouwe Gasthuis in Amsterdam (OLVG) meerdere keren de nummer één in het jaarlijkse *Elsevier*-onderzoek naar de beste ziekenhuizen. Sinds bijna vier jaar leidt hij het Radboud en ook hier neemt het zelfvertrouwen toe.

Er wordt beweerd dat hij een 'mensenmanager' is. Wat de essentie van zijn aanpak is? "Het is een vorm van kijken." Uiteraard gaat het om intuïtie, om ervaring en senioriteit. "Je moet zien wat iemands talent is. Dat maakt mensen sterker. Als je tientallen jaren lang met grote regelmaat hoort dat mensen het prettig vinden om met jou te werken, krijg je daar zelf ook kracht van. Dan word je de leider van de gideonsbende. Dat is prachtig."

Diepzinnige opmerkingen

Hij observeert als een voetbaltrainer en wordt vergeleken met Johan Cruijff. Lohman is de Cruijff van de gezondheidszorg, hij maakt het verschil, zoals Cruijff dat bij Ajax kon. IJdel als hij is, streelt deze vergelijking hem. "Cruijff was een begenadigde voetballer. Hij heeft in zijn actieve tijd wondere dingen gedaan. Bovendien maakt hij heel diepzinnige opmerkingen. Cruijff ziet dingen die anderen niet zien."

De oud-voetballer wordt vaak verguisd om zijn woordgebruik, maar Lohman citeert prompt een typisch Cruijffiaanse uitspraak: "Je ziet het pas als je het door hebt." "Daar moet je een half uur over nadenken. Cruijff zei ook: 'Je moet de wedstrijd kunnen lezen', ook al zo'n fraaie zin."

Hij mediteert graag. In de stille momenten is hij intensief bezig met de dingen van het leven. Hij doelt op de essentie van het bestaan. In algemene termen, zegt hij, heeft hij 'iets' met wat in het christelijke geloof 'de Heilige Geest' wordt genoemd.

Voor hem is Pinksteren het mooiste moment van het kerkelijke jaar; het feest van de bezinning en de Heilige Geest. Wat dat precies is, de Heilige Geest? Lohman: "De vertaling van het goddelijke op aarde. Dat je begrijpt en doorziet wat er speelt. Dat je met andere ogen kunt kijken. Als je vanuit die gedachte leeft, kijk je anders naar mensen en organisaties."

Beste elftal

Emile Lohman over Emile Lohman: "Ik probeer de kansen die ik in mijn leven heb gekregen optimaal te benutten. Hoe? Ik laat me graag inspireren door het Bijbelse verhaal van de talenten. Wie talent heeft, moet daar zo veel mogelijk gebruik van maken. Wat mijn talent is? Ik kan de capaciteiten van mensen zien en iemand inzetten voor een doel dat iedereen enthousiast maakt. Je moet het juiste elftal zoeken en iedereen zo positioneren dat hij of zij tot zijn of haar recht komt. Samen bereiken wij het doel. Ik wil het beste uit mensen halen en in teamverband leidinggeven, zodat er iets gemeenschappelijks ontstaat."

Wortels

Het heeft met zijn wortels te maken dat hij enigszins esoterisch denkt. Emile Lohman stamt uit een diepgelovig rooms-katholiek milieu. Zijn moeder kwam uit een welvarende Utrechtse familie. Zij leek sprekend op prinses Juliana, ze was een dag eerder geboren, op 29 april. Zij bad Jezus van het kruis, zoals dat heet. "Haar geloofsopvatting had te maken met de christelijke mystiek. Dat is er bij mij met de paplepel ingegoten." Zijn vader was notaris in Oude Wetering aan het Braassemermeer, een dorp van 1.600 inwoners dat destijds tot de gemeente Alkemade hoorde. Standsbesef, ze hoorden tot de notabelen: "Mijn moeder zei altijd: 'Keep your distance'."

Er hing een grote eenzaamheid in huize Lohman. Dat kwam doordat het broertje net boven Emile als tweejarig jongetje in de sloot achter het huis was verdronken. "Het was een zware last voor mijn moeder om dat leed te verwerken. Ik heb veel verdriet gezien, ook omdat daar niet over werd gepraat. We waren een gesloten gezin. Ja, ik heb de eenzaamheid van mijn moeder bijna lijfelijk gevoeld."

Zijn vader werkte hard, hij was actief in het kerk- en het armenbestuur. Hij kwam veel onder de mensen en heeft mede de ruilverkaveling mogelijk gemaakt waardoor de Zuid-Hollandse tuinderscultuur kon opbloeien. Een bourgondiër: "Hij hield van het leven. Hij rookte drie pakjes Caballero-sigaretten zonder filter per dag, plus de nodige sigaren. Bovendien hield hij van een

stevige borrel. De schoonmaakkosten van zijn kantoor inclusief de schilderskosten lagen nogal hoog. Hij is 72 jaar oud geworden en in Nijmegen gestorven."
Alle kinderen bezochten een kostschool. Emile was de jongste van vier. Hij ging naar het Dominicus College in Nijmegen. Intern, Klein Seminarie, hij wilde priester worden. Het eerste jaar bleef hij zitten. Hij praatte te plat, Veens werd dat genoemd: "Ik kwam van de dorpsschool waar ze nog laarzen-, klompen- en schoenenkinderen hadden." Lohman werd van school verwijderd, nadat hij nog twee keer was blijven zitten: "Ik was volop bezig met sporten, met declameren, met theater. Dat kon ik goed."
Een dromerige jongen: "Ik kon niet studeren. Ik kon me niet concentreren. Dat kwam later, op de universiteit, toen ik belangstelling kreeg voor de filosofie en veel ging lezen. Immanuel Kant. De Frankfurter Schule. Habermas, Adorno, Horkheimer."

■

Opspraak

Het UMC St Radboud Nijmegen is een academisch centrum met een omzet van 650 miljoen euro (2008). In april 2006 komt het Radboud in opspraak, nadat er onnodig veel patiënten zijn overleden na operaties op de afdeling cardiothoracale chirurgie voor volwassenen. Oorzaak: tekortschietende procedures en communicatieproblemen bij de artsen. De Inspectie voor de Gezondheidszorg sluit de afdeling, de raad van bestuur stapt op, Lohman treedt aan en de hartlongchirurgie wordt gereorganiseerd. Niet alles gaat meteen goed: in 2008 sluit het ziekenhuisbestuur uit eigen beweging enkele weken het kinderhartcentrum, omdat ook daar twijfels bestaan over de kwaliteit van zorg.

Professioneel wielrenner

Lohman is een doorgewinterde hardloper, hij heeft enkele marathons op zijn naam staan. Maar het liefst was hij professioneel wielrenner geworden. Hij heeft meer sportidolen, bij de wielrenners Joop Zoetemelk. Jarenlang fietsten zij in dezelfde club: "Zoetemelk komt uit Rijpwetering. Dat ligt op drie kilometer van Oude Wetering. Hij had duidelijk veel meer talent, dat was toen al te zien."

Andere idolen zijn Benedictus, de grondlegger van het kloosterleven, en de profeet Mozes. Ook Mozes was een prater en een zendeling. Lohman vindt Mozes een van de meest intrigerende personen in de wereldgeschiedenis. Mozes symboliseert wat een leider, aanvoerder of manager moet doen: "Je vertelt je mensen dat je iets hebt gezien of gehoord en dat je met zijn allen een bepaalde kant op moet. Daar praat je op een dusdanige manier over dat de mensen je geloven en je willen volgen." Dit brengt een grote verantwoordelijkheid met zich mee: "Een leider komt met een analyse. Hij neemt een besluit. Daarin moeten anderen zich herkennen. Hij moet iets overdragen en zijn mensen meekrijgen. Daarna trek je samen door de woestijn."

Ook in het Radboud is Lohman op deze manier te werk gegaan, nadat de hartchirurgie was gesloten. Aanvankelijk stuitte hij op terughoudendheid. Er heerste een sfeer van ontkenning. De hartchirurgie was een uitzondering op de regel, werd hem gezegd. "Ik wilde ook op andere afdelingen stoeptegels lichten. 'Dat mag u komen doen, maar er is niets aan de hand', werd er gezegd." Gaandeweg bleek dat andere dokters elkaar evenmin voldoende kritisch beoordeelden. Lohman kreeg gelijk, ook elders in huis waren er problemen: "Er is hard, soms heel hard, ingegrepen, zonder dat dit veel aandacht heeft getrokken. Dat is niet plezierig om te doen, maar het moet. Als het maar een positief effect heeft op de kwaliteit van zorg en de veiligheid van onze patiënten. Dat moet je leidraad zijn."

Eerder verschenen in Skipr 06-2009

Mike Leers: 'Ik verlaat deze tent met trots'

Per 1 september 2009 was de missie van Mike Leers bij CZ volbracht. Skipr sprak hem vlak voor zijn vertrek.

Of hij ijzer met handen wil breken? Leers: "Ik ken mijn beperkingen. IJzer is sterker dan menskracht. Ik moet dus slimmere dingen doen om mijn doelen te bereiken. Ik geef niet gauw op en ik leg de lat hoog, vooral voor mezelf. Maar ik ben niet zo koppig als een ezel: desnoods zoek ik omwegen. Dat duurt misschien langer, maar het komt wel voor elkaar."

Vrijwel zijn gehele werkzame leven was Mike Leers (1950) verbonden aan CZ, waarvan zeventien jaar als bestuursvoorzitter bij de Tilburgse verzekeraar die ruim tachtig jaar geleden werd opgericht door de katholieke vakbeweging en in al die tijd slechts vier voorzitters heeft gekend.

CZ is Mike Leers, wordt er gezegd. Hij is een sterke persoonlijkheid, een grote boom met veel schaduw. Leers: "Dan doe je een hele hoop mensen tekort die bij ons werken. Ik heb inderdaad een grote mate van gezag. Niet op basis van macht, maar op grond van inhoud, van passie en gedrevenheid. Ik vind het prettig om dingen te kunnen overdenken en besluiten te nemen. Maar ik ben slechts een individu. Alleen samen kom je verder. Om mijn doelen te bereiken, heb ik de kennis en de kunde van anderen nodig. Ik word vaak genoeg gecorrigeerd door mijn omgeving."

Generaal en soldaat? "Ik lig niet in de loopgraaf, ik sta niet achter een muur te wachten. Ik ben een leider die vooroploopt, die meevecht en tegen zijn mensen zegt: 'wij zijn het A-team, we gaan ervoor.' Maar ik moet wel het besluit nemen."

Ogenschijnlijk lijdt Mike Leers er niet onder dat leidinggeven en -nemen een eenzaam beroep is. Uiteraard heeft hij wel

Mike Leers: 'De mens wil iets kunnen betekenen voor een ander en voor zichzelf'

eens wakker gelegen van de verantwoordelijkheid die op hem drukt. Ook CZ werd getroffen door de beurscrisis; er gingen tientallen miljoenen euro's verloren op beleggingen: "Alles bij elkaar hebben we 90 miljoen euro moeten afschrijven. Gelukkig hadden we door goed cashmanagement 130 miljoen euro verdiend. En we hielden 45 miljoen over aan verzekeringsattributen."

Oudste kind
Mathieu Andreas Marie Leers is geboren op 19 augustus 1950 in een ondernemersgezin te Kerkrade. Hij is het oudste kind en de broer van Gerd Leers, de voormalige CDA-burgemeester van Maastricht. Mike Leers volgt de katholieke lagere school in Brunssum. De middelbare school doorloopt hij in Weert (mulo, hbs, internaat St. Louis) en Roermond (internaat Bisschoppelijk College). Van 1968 tot 1973 studeert hij economie aan de Universiteit van Tilburg (cum laude). Hij is even docent algemene economie aan het Elzendaal College te Boxmeer en begint in 1975 bij CZ. In 1978 wordt Leers opgenomen in de directie. Sinds september 1992 is hij eindverantwoordelijk als voorzitter van de raad van bestuur. Hij is tevens lid van het stichtingsbestuur van de Universiteit van Tilburg.

Trots

"Ja, ik verlaat deze tent met trots. Eind 2008 bedroeg onze solvabiliteitsratio 3,1. Dat kan menig bedrijf niet zeggen. Bij de reputation-award staan we op de dertiende plaats, als zorgverzekeraar tussen allemaal grote namen uit de maakindustrie onder aanvoering van Philips. Zo slecht hebben we het dus niet gedaan. Een ander voorbeeld. We hebben 25 miljoen euro betaald voor de 740.000 verzekerden van Delta Lloyd Zorg en OHRA Zorg. Zilveren Kruis gaf naar ik vernam 40 miljoen euro uit aan marketingkosten en premiekorting om bij de invoering van het nieuwe zorgstelsel 400.000 tot 450.000 nieuwe verzekerden erbij te krijgen. Die premiekorting moeten ze nu blijven geven opdat de nieuwe klanten niet meteen vertrekken."

Kwaliteit en onderscheidend vermogen zijn sleutelbegrippen. Maar er is te weinig bekend om zorginstellingen objec-

tief met elkaar te kunnen vergelijken, ook voor CZ. Daarom wil hij geen bevoorrechte aanbieders aanwijzen: "Het wantrouwen van patiënten tegenover alle zorgverzekeraars is nog steeds groot."
Liever steunt hij het initiatief van de Diabetes Vereniging Nederland. Die vertaalde op een simpele kaart, de zogenoemde zorgwijzer, de richtlijnen voor goede diabeteszorg in praktische richtlijnen. Met die zorgwijzer kunnen mensen met diabetes bij hun zorgverlener controleren of ze de goede zorg krijgen en krijgen ze ook tips voor zelfmanagement. "Op die kaart staat wat de dokter voor je doet. Bepaalt hij vier keer per jaar de laboratoriumwaarden? Word je op tijd naar de oogarts gestuurd? Wordt er een oogfoto gemaakt voor wildgroei van de vaatjes in de ogen? Stuurt de dokter je tijdig naar de pedicure? Dat is voor mij kwaliteit."

■

Derde zorgverzekeraar

Met een omzet van ruim 10 miljard euro per jaar was CZ in 2008 de derde zorgverzekeraar van Nederland. Van die omzet kwam 6,1 miljard euro uit de Zorgverzekeringswet, 0,7 miljard uit de aanvullende verzekeringen en 3,8 miljard euro uit de AWBZ. CZ bestaat ruim tachtig jaar. Het is een onderlinge waarborgmaatschappij met 3,3 miljoen verzekerden en vijf zorgkantoren. Het kent drie labels: CZ, OHRA Zorg en Delta Lloyd Zorg. Het hoofdkantoor staat in Tilburg en er zijn kantoren in Breda, Goes, Den Haag en Sittard.

Gezag

Leers: "Uiteindelijk gaat het erom wat je ervan hebt gemaakt. Wat is de wereld beter geworden van dat stukje Leers dat daar heeft gefunctioneerd?" Hij klinkt bijna weemoedig: "Nee, dat zit in me. Ik wil zelf iets toevoegen. Het heeft te maken met mijn wortels. De mens wil iets kunnen betekenen voor een ander en daardoor voor zichzelf. Hij is geen pure individualist, maar onderdeel van een grotere orde."

Wat zijn kernwaarden zijn? Bijbelse uitgangspunten: "Proberen eruit te halen wat erin zit in een respectvolle verhou-

ding tot de medemens, niet ten koste van alles. Dat je keuzes moet maken, staat als een paal boven water. Dat die keuzes voor sommigen pijnlijk kunnen uitpakken, hoort erbij."
Jazeker, hij heeft slachtoffers gemaakt. Hij kan ze aanwijzen. Of hij vijanden heeft? "Misschien. Als leider moet je besluiten nemen. Ik heb mensen de deur moeten wijzen omdat ze niet conform de afspraken functioneerden." Dit gaat hem niet gemakkelijk af, maar het gebeurt wel: "Ik geef mensen de kans. Ik waarschuw ze. Maar op het moment dat het besluit gevallen is, is het klaar. Ik probeer in redelijkheid vooruit te komen, in overeenstemming met de individuele mogelijkheden. Het is al een pluspunt als iemand toegeeft dat hij zich heeft overschat en de verantwoordelijkheid neemt zodra het niet goed loopt."

De essentie van het werk bij een zorgverzekeraar, zegt hij, is oplossingen te bieden voor mensen die dat zelf niet kunnen: "Helpen klinkt zo hulpeloos. Het gaat om meer. Je bent een gids voor je klanten. Ik ben ervan overtuigd dat je mensen dingen kunt aanreiken zodat zij een betere kwaliteit van leven krijgen."

Leers wil dat zijn bedrijf gezag uitstraalt en waarde toevoegt: "We zijn meer dan een polisboer. We willen onze verzekerden meerwaarde geven. Dat is de essentie van marktwerking in de zorg: we voegen waarde toe." Opeens beent hij weg naar zijn bureau, hij komt terug met een knipsel: 'Als beter kan, is goed niet goed genoeg', staat er: "Dit is mijn slogan, mijn drive. Je hoeft niet gestudeerd te hebben om deze leus te snappen. Ik lees veel klachtenbrieven. Want elke klacht is een kans om het beter te doen. Daar kun je als bedrijf je voordeel mee doen."

Hij is nog steeds gelovig, maar hij gaat zeker niet elke zondag naar de kerk. Net als honderdduizenden andere Nederlandse rooms-katholieken is hij afgeknapt op de hiërarchische structuur van de kerk en de dogma's die de paus erop na houdt: "Religie is samen vieren. Samen vieren betekent dat je met elkaar op basis van een aantal uitgangspunten bepaalde ingrediënten vorm geeft. Dat verschilt per land en per cultuur, maar het episcopaat en Rome vinden dat dit op slechts één manier kan. Ik probeer voor mijzelf iets te creëren waaraan ik houvast heb. Daar heb ik geen rituelen voor nodig." Is daarmee de ideologie minder belangrijk dan de intentie? "Ik wil met respect voor anderen dingen doen waardoor ik 's avonds een gevoel van voldoening kan hebben. Het interesseert me niet of je dit humanisme noemt of iets anders."

Vroeger was hij misdienaar in het klooster van de Broeders van Maastricht bij Brunssum. Elke dag kwam er vanuit een dorp in de buurt een pater op de fiets om de mis te doen: "Ik moet een jaar of zes zijn geweest toen de hostie een keer was gevallen. Dat gaf veel heisa. De pater was al weg. Hij moest terugkomen: twaalf kilometer heen, twaalf kilometer terug en opnieuw twaalf kilometer heen. Alleen om die hostie op te rapen. Op dat moment kwam ik erachter dat een hostie niet heilig kan zijn, dat dit niet het wezen van Jezus Christus is."

■

Fervent fietser
"Ik kan me geen bestaan voorstellen waarbij ik elke dag als een zoutzak niets doe. Dat heb ik van mijn pa en ma geleerd. Zij hebben dat van mijn grootouders. Ik zie deze trek ook terug bij mijn broer Gerd en bij mijn zussen. Het is erin gedrild, zonder dat ik het als zodanig heb ervaren; het was een onderdeel van onze opvoeding. Ik wil de tijd nemen om aspecten van mijzelf te leren kennen die ik jarenlang heb weggestopt. Ik doe graag iets met mijn handen: dingen uit elkaar halen en weer in elkaar zetten. Ik ben een fervente fietser. Ik wil naar Santiago de Compostela. De fiets heb ik al gekocht. Duits merk. Typische trackingfiets. Stijf frame, bredere banden, een randonneur met een speciale as. Mooie techniek. Vakmanschap, daar val ik op."

Koppig

In gesprekken met Mike Leers komt telkens het woord 'rebels' of 'opstandig' terug. Het heeft te maken met zijn jeugd. Hij lijkt op zijn grootvader. Een bijzonder gedreven, *selfmade* man, maar een autocraat. "Mijn grootvader werkte hard. Hij was een uitvinder en hij greep zijn kansen. Geboren in 1900, een van tien kinderen. Ze woonden in Heerlerheide, een kerkdorpje tussen Heerlen en Brunssum. Op zijn twaalfde jaar moest hij ondergronds, de mijnen in. Binnen de kortste keren gaf hij leiding aan een ploeg jongens die het water moesten wegpompen zodat de schachten niet onder kwamen te staan."

Zijn grootvader experimenteerde met de motoren van de pompen. Hij kwam erachter wat ze konden. Hij kwam in Luik terecht en ontmoette iemand die kuipen maakte. Daar hing hij bij wijze van experiment een motor onder een kuip. Zo maakte hij de eerste wasmachine: "Zijn zaak is heel groot geworden. Victoria Wasmachines, met fabrieken in Brunssum en Keulen. Na de Staatsmijnen waren we de grootste werkgever in Brunssum. Ik was zijn oogappel. Ik was voorbestemd om de zaak in te gaan."

"Van mijn tweede tot mijn zevende jaar ging ik vaak met mijn grootvader mee naar Duitsland, mijn ouders hadden daar niets over te vertellen." Ze woonden met zijn allen in een enorm groot huis. Toen Leers veertien was, overleed zijn vader na een bedrijfsongeval in Duitsland. Enkele jaren later kwam Mike met kerstavond niet thuis; hij studeerde net in Tilburg en had een Duits vriendinnetje. Maar *Heiligenabend* was belangrijk voor de pater familias, dus waren de rapen gaar: "Op 2 januari moest ik de fabriek in. Mijn grootvader had me al laten uitschrijven bij de universiteit. Ik ben vertrokken en heb hem vijf jaar lang niet meer gezien. Ik dacht: 'Sodemieter op'. Ik heb mijn studie zelf betaald. Koppig? Ja."

Inmiddels is zijn eigen missie volbracht. Mike Leers gaat het rustiger aan doen. Sinds zijn vijftigste jaar heeft hij een speciale vorm van diabetes: "Het is goed dat ik ermee ophoud. De druk begint van me af te vallen. Elke dag wilde ik weten wat er in de media over CZ werd beweerd. Slecht nieuws trek ik me aan. Ik merk het aan mijn bloedwaarden. Ik zit goed in mijn vel. Er is rust over me gekomen."

Eerder verschenen in Skipr 07/8-2009

Marjanne Sint: 'Ik ga nog altijd voor een tien'

Een rechte rug, verantwoordelijkheidsgevoel, bestuurlijk en zakelijk inzicht, Marjanne Sint heeft het allemaal. Zelfkennis is haar evenmin vreemd: 'Ik ben niet wars van risico's, maar ik mijd driestheid.'

Sinds 2007 is Marjanne Sint (1949) bestuursvoorzitter van de Isala klinieken in Zwolle. Ze staat erom bekend dat ze op de penning is. Volgens haar moet een bestuurder zo veel mogelijk risico's kunnen overzien en beheersen: "Ik laat me leiden door het uitgangspunt dat wij van de zorg zijn en dus van alle burgers."

Ze kan 's nachts wakker liggen van de nieuwbouw van het ziekenhuis waar in 2009 mee is begonnen. "Zo'n project kost vele miljoenen euro's. Maar ik ben een voorzichtige financier, zowel in mijn particuliere leven als voor het ziekenhuis. We dekken onze renterisico's keurig af, net als dat we met de bouwer het prijsrisico afdekken. En we gaan niet speculeren op renteontwikkelingen."

Marjanne Sint: 'Het betere is soms de vijand van het goede'

Ambtenaar, uitgever, bestuurder

Marjanne Sint is op 24 juli 1949 geboren in Amsterdam. Zij studeert macro-economie aan de Universiteit van Amsterdam. Ze wordt ambtenaar op het Ministerie van Economische Zaken en daarna bij Cultuur, Recreatie en Maatschappelijk Werk. Vanaf 1979 is ze achtereenvolgens redacteur, hoofdredacteur en uitgever bij Intermediair. In 1987 wordt ze partijvoorzitter van de PvdA, in 1991 directeur interbestuurlijke betrekkingen en informatievoorzieningen op het Ministerie van Binnenlandse Zaken, daarna gemeentesecretaris van Amsterdam en sectormanager bij Berenschot. In 2000 volgt haar benoeming tot secretaris-generaal op het Ministerie van VROM. Sinds 2007 is Sint bestuursvoorzitter van de Isala klinieken.

Vertrouwen

Elke ziekenhuisbestuurder hoort bovenal te begrijpen wat zijn belangrijkste medewerkers drijft, allereerst de medisch specialisten: "Je moet mensen vertrouwen. Geef ze de ruimte om hun kwaliteiten optimaal tot gelding te brengen. Je moet niet voortdurend in hun zon willen staan, dan ben je misschien wel een grote boom, maar groeit er verder helemaal niets. Doe de dingen dus zo dat je mensen in de goede richting met jou willen meewerken."

Zelf is ze niet afkomstig uit de gezondheidszorg. Daarom liep zij voor haar aantreden een maand lang mee op diverse afdelingen. Van dichtbij maakte ze onder meer een grote aorta-operatie mee: "Als bestuurder moet je je kunnen verplaatsen in de denk- en leefwijze van de artsen. Zij functioneren in een volkomen andere wereld. Tijdens een operatie hebben zij alle aandacht en concentratie nodig. Dat is een speciale *mindset*. Fascinerend."

"Elke medische specialist moet precies weten wat hij doet. Hij moet een exacte diagnose kunnen stellen en niet ongeveer de juiste. Hij hoort nauwkeurig te bepalen wat een patiënt mankeert, waar het euvel zit en wat de exacte behandeling moet zijn. Hij wil dat het helemaal goed is wat hij doet."

"Een bestuurder, ook ik, wil ergens uitkomen. Je zet een stip op de horizon, maar je weet niet exact hoe je daar moet komen. Er is altijd een andere weg mogelijk of een U-bocht. De kunst is aanknopingspunten te vinden en respect te blijven opbrengen voor de rationaliteiten van je specialisten."

Ziekte

Ze weet wat ziekte is. Jaren geleden moest ze enkele grotere ingrepen ondergaan, maar ze heeft niet de indruk dat dit haar heeft getekend: "Ik ben zoals 99,9 procent van alle patiënten. Ik ben naar een ziekenhuis gegaan omdat mijn huisarts zei dat het daar goed was. Ik heb er geen moment bij stilgestaan dat je een andere afweging kon maken." Onlangs werd ze geopereerd aan een meniscus, in haar eigen ziekenhuis. Ze had het raar gevonden als ze dat niet daar had laten doen. Ze heeft er een positieve indruk aan overgehouden.

Haar oudste broer, Wim, was zeventien toen hij aan de ziekte van Duchenne overleed. Tegenwoordig worden deze patiënten iets ouder, 25, 27 jaar. Duchenne is een geleidelijke gehele spierverlamming, uiteindelijk ook van het hart: "Mijn oudere zus heeft daar meer van meegekregen dan ikzelf en mijn jongste zus. Als kind zijn veel dingen trouwens normaal: ik dacht dat elk gezin iemand als Wim had."

Ze groeide op in een bovenwoning in het centrum van Amsterdam. Altijd zal ze waardering blijven houden voor de Taxi Centrale Amsterdam: "Wim ging naar de mytylschool voor kinderen met een lichamelijke handicap. Er was geen vervoer. Jarenlang hebben de taxichauffeurs van de TCA hem gehaald en gebracht. Voor niets, mijn ouders hoefden geen cent te betalen. Van twee hoog naar beneden en weer terug. Elke schooldag."

Visueel ingesteld

Marjanne Sint: "Ik fotografeer graag. Mijn eerste cameraatje kocht ik toen ik twaalf was; helaas liet het licht door. Daarna had ik een Agfa Isoli, een boxcamera. Na een zomerbaantje post sorteren bij de PTT kon ik een Yashica kopen, vervolgens een Nikkormat en een Nikon. Nu heb ik een Nikon D300 met verschillende lenzen. Ik heb veel fotoalbums en maak graag vergrotingen. Portretten hang ik op in mijn werkkamer. Allemaal eigen werk. Egypte, Japan, een steeds wisselende tentoonstelling. Doordat ik veel dia's maakte, ben ik eraan gewend in één keer de belichting en de compositie te doen, want in een dia kun je niets bijstellen. Ik let goed op de kadrering. Ja, ik observeer. Ik kijk. Ik ben visueel ingesteld."

Calvinistische meetlat

Zij is niet gelovig opgevoed. Haar vader komt uit Den Haag, haar moeder uit Hedel bij Den Bosch.

Beide zijn ze allang overleden. De grootouders van moederskant waren rooms-katholiek, van haar vaders kant waren ze Nederduits-Hervormd: "Destijds gold het gezegde 'Twee geloven op één kussen, daar slaapt de duivel tussen'. Mijn ouders hebben dit probleem opgelost door allebei het geloof af te zweren. Bijzonder voor die tijd."

"Mijn moeder was erg tolerant. Mijn vader kon strikter zijn. Zij heeft ons bijgebracht dat geloof voor mensen veel waarde kan hebben, maar dat je je eigen opvattingen niet aan anderen hoeft op te dringen. Ik heb van huis uit meegekregen dat je respect en inlevingsvermogen hoort te hebben voor posities die niet per se de jouwe zijn."

"Mijn moeder leek in haar houding en instelling meer op de katholieken van boven de grote rivieren. In dat opzicht waren mijn beide ouders nogal calvinistisch in hun plichtsbetrachting. Ik heb dat ook. Als je mij langs de calvinistische meetlat legt, scoor ik hoog. Ik heb een hoog arbeidsethos, net als mijn ouders en mijn zussen."

"Als kind ging ik altijd al voor een tien en nooit voor een zes. Had ik dat niet gedaan, dan was ik nooit zo ver gekomen. Geen competitie; ik wil niet steeds de beste zijn. Het is mijn eigen drive om dingen zo goed mogelijk te doen, om geen genoegen te nemen met iets halfbakkens. Ik ga nog steeds voor een tien."

Rood nest

Haar grootvader van moederskant was slagersknecht en grootmoeder huisvrouw. Haar grootvader van vaderskant was timmerman en ook zijn echtgenote deed het huishouden. Een eenvoudig bestaan, haar vader ging op zijn twaalfde jaar werken. Haar moeder deed de mulo en moest op haar zestiende gaan werken.

"Mijn ouders hebben op latere leeftijd en tot ver in hun huwelijk allerlei avondstudies en nascholingen gevolgd. Mijn vader begon als portier en eindigde als chemisch analist op het laboratorium voor fysische chemie van de Universiteit van Amsterdam. Hij was actief in de vakbeweging. De NVV, de ABVA. Toen ik tien was, is mijn moeder weer gaan werken. We waren een beetje een 'rood nest'. Lid van de VARA. Mijn ouders luisterden niet naar de KRO en de NCRV."

"Ik mag dan geen gelovige achtergrond hebben, ik heb wel een natuurlijke affiniteit met mensen uit de voormalige Anti-Revolutionaire Partij, de ARP. Een deel van de PvdA wortelt in deze christelijke hoek. Dat heeft te maken met de doorbraakgedachte van na de Tweede Wereldoorlog. Ik houd van een bepaalde morele ernst. Dat herken ik in Piet-Hein Donner, de huidige CDA-minister van Sociale Zaken. Ik vind hem een geweldige man. Wat een denkraam. Strak, serieus."

■

450 miljoen euro
De Isala klinieken horen tot de grootste algemene ziekenhuizen van Nederland. In 2008 werd met 5275 medewerkers en 238 specialisten een omzet van 330 miljoen euro behaald. Het ziekenhuis heeft veel topspecialismen: een traumacentrum, cardiologie, cardiothoracale chirurgie, neurochirurgie en neonatologie. Dat moet wel, want het is 98 kilometer rijden naar het dichtstbijzijnde academisch medisch centrum. In 2009 is begonnen met de nieuwbouw, nadat Sint eerdere ongedekte plannen had afgewezen. Met de bouw en de inventaris is een investering gemoeid van zo'n 450 miljoen euro, gefinancierd door een consortium van drie banken. In 2013 moet het nieuwe ziekenhuis klaar zijn.

Zweverig

Ze keert zich tegen de hebzucht: "Het gaat in het leven niet alleen om het eigen voordeel, het eigen gelijk of de eigen positie. Je moet je steeds afvragen wat je doet. Welke verantwoordelijkheid ben ik bereid te dragen? Uiteraard moet er in alles wat je doet iets van en voor jezelf zitten; totaal altruïsme wordt gauw zweverig. De mens hoort niet alleen voor het grote geld te gaan. Ik heb veel meer waardering voor personen die een authentieke drijfveer en een morele dimensie hebben."

"Ik probeer altijd mijn grenzen te verleggen. Mijn ouders zeiden dat ik dit als kind al had. Ik stond mezelf moed in te praten om dingen te doen die ik doodeng vond. In Artis heb ik een keer mijn bal opgeraapt die pal voor de kooi met de caracals was gerold. Grote dieren die op katten lijken, ze zaten bijna op gezichtshoogte en bliezen behoorlijk als je in hun buurt kwam. Dat vond ik als kind heel eng. En toch heb ik die bal gepakt."

Ze legt de lat hoog: "Ik word niet uitgedaagd door ja-knikkers. Ik heb graag goede mensen om mij heen. Hoe beter de mensen in mijn naaste omgeving zijn, hoe beter ik functioneer. Ik hecht eraan dat zij hun verantwoordelijkheid nemen en zich daarin vrij voelen. Mensen die heel goed weten wat zij moeten doen, mag je niet kort houden. Dan worden ze knorrig."

"Ik ben een *controlfreak*. Ik houd wel in de gaten of het goed gaat. Ik laat iedereen op gezette momenten bij mij terug komen om even af te tasten en te sparren. Kan het zo verder? En dan weer gaan. Anders kun je geen leiding geven aan dit soort grote organisaties."

Ongeduldig

Haar zwaktes? "Soms ben ik te perfectionistisch. Ik kan ongeduldig zijn. Ik heb echt moeten leren dat het betere soms de vijand van het goede is, dat niet alles altijd perfect hoeft te zijn. Bovendien ben ik te raken als mijn integriteit in het geding komt, wanneer mensen mij ervan verdenken dat ik dingen doe die ik helemaal niet doe."

"Ik kan ook rechtlijnig zijn. Je kunt niet over elke beslissing met iedereen overleggen. Neem ons parkeerprobleem. We hebben te weinig plaatsen. Ik heb besloten dat onze schaarse parkeerruimte bij voorrang beschikbaar is voor onze patiënten en hun bezoekers en niet voor onze medewerkers. Zij mogen verderop parkeren. Dat was even slikken. Maar ik kan die auto's niet stapelen. Als bestuurder mag je niet weglopen voor dit soort besluiten of voor kritiek. Inderdaad, je moet niet lafhartig zijn."

Ze lacht breeduit: "Oh ja, en ik praat te veel. Soms. En ik heb de onstuitbare neiging om vanuit een stelling te redeneren. Dan spreekt niet iedereen je spontaan meer tegen, terwijl ik dat juist erg op prijs stel."

Eerder verschenen in Skipr 09-2009

Loek Winter: 'Ik maak van zand cement'

Zorgondernemer Loek Winter is een innovator, geen trendvolger. 'Niet slopen, maar bouwen', luidt zijn motto. 'Ik wil vooroplopen, ik ben een pionier. Ik zoek nieuwe wegen. En ik durf risico's te nemen.'

Het ondernemerschap zat er al vroeg in bij Loek Winter (1959). Hij haalt een anekdote aan die zijn 83-jarige vader, vroeger huisarts in de westelijke mijnstreek, hem onlangs vertelde. Als jongetje van vier of vijf jaar wilde Loek van de slager in het dorp weten hoe deze aan zijn vlees kwam. Dan moet er in alle vroegte een koe worden geslacht, legde de man uit. "Daar moest ik bij zijn. Dus ging ik in mijn eentje om vijf uur 's ochtends naar de slagerij." Maar de deur bleef dicht. "De vrouw van de slager zag dat scheel kijkende jongetje van de dokter op de hoek staan en belde mijn ouders om te vertellen dat hun zoon buiten in de kou stond te wachten."

■

Open gezin
In Voerendaal, tussen Heerlen en Maastricht, is op 30 november 1959 Loek Winter geboren, het tweede kind in een open katholiek gezin. Zijn vader en moeder, beiden arts, komen uit De Kwakel en Vrouwenakker bij Amsterdam. Winter gaat naar de dorpsschool en het Atheneum in Heerlen. Hij studeert geneeskunde in Maastricht, wordt radioloog bij het OLVG in Amsterdam en promoveert. In 1995 begint hij een studie gezondheidswetenschappen, nadat hij zijn eerste Diagnostisch-Centrum heeft opgericht. In 2009 wordt Winter eigenaar van de IJsselmeerziekenhuizen.

Loek Winter: 'Ik maak van zand cement' 77

Loek Winter: 'Ik beleef mijn werk echt niet als werk'

Gewauwel

Nee, hij is nooit ziek geweest, maar hij kan zich er alles bij voorstellen. Tijdens zijn coschappen realiseerde hij zich hoe even oude collega's zich moesten voelen als zij te horen kregen dat ze ernstig ziek waren. En als arts zag hij van dichtbij de gevolgen van borstkanker, infarcten en plotseling overlijden
"I count my blessings. Give me some more days", zegt hij in het Engels, de taal waarmee hij zijn zinnen graag doorspekt. "Ik ervaar het niet als normaal om elke dag fit wakker te worden. Ik loop twee keer per week hard en ben ongelooflijk blij met mijn conditie."

Hij denkt als een strateeg, maar enige rusteloosheid is hem niet vreemd. Het tekent de getrainde marathonloper: gezegend met een lange adem en steeds bereid om diep te gaan. Soms kan hij hard overkomen, zeker als er afscheid moet worden genomen van mensen die hun best niet doen. "He doesn't suffer fools gladly", zeggen de Britten dan. "Op zijn Limburgs: ik houd niet van gewauwel."

Winter is gespitst op veranderingen. Hij wil vaart maken en zaken in beweging zetten. Aantonen dat het anders en beter kan in de zorg. Hij is verantwoordelijk voor een negental diagnostische centra (de DC Groep) en de Amsterdamse Jan van Goyenkliniek. Sinds begin dit jaar ook voor de vroegere IJsselmeerziekenhuizen, onderdeel van de nieuwe MC Groep, waarvan hij en financier Willem de Boer ieder voor de helft de eigenaar zijn.

In Lelystad zijn de ergste hobbels genomen. Zelfs de Inspectie voor de Gezondheidszorg is tevreden over de voortgang die er is geboekt. "We zijn op de goede weg, medisch gezien, qua aantallen patiënten en financieel. We lopen voor op de prognoses. Daar moet je goed je best voor doen. De voornaamste winst voor mij is dat dit bedrijf goed loopt."

Projectontwikkelaar

Altijd is hij aan het werk, want zonder werk geen voldoening. Toch weet hij precies waar hij goed in is en wat hij niet kan: "Mijn kracht is dat ik businessplannen weet te realiseren. Dat vind ik spannend. Als de zaak draait, doe ik daar na verloop van tijd weinig meer aan. Dan ga ik op zoek naar nieuwe initiatieven. Ik houd bijvoorbeeld niet van gezeur over overuren. Dat past niet bij mij. Eerst financieel gezond zijn, dan pas met zijn allen overuren schrijven."

Of hij het prettig vindt om elke dag leiding te geven aan mensen? Een openhartig antwoord: "Ik kan het niet. Ik zeg niet dat ik het niet leuk vind, maar het is de vraag of leiding geven een competentie van mij is." Is hij daarvoor te gedreven of te gauw verveeld? "Ik heb de vaardigheden niet. Ik ben projectontwikkelaar. Daar ben ik goed in. Dat kan ik. Dat werkt. Een manager haalt zijn voldoening uit het structureren, standaardiseren en *fine-tunen* van bedrijfsprocessen. Dat is niets voor mij."

"Volgens mij zijn er vier soorten leiders. Regenten, bestuurders, managers en ondernemers. Een regent is de klassieke directeur van een groot ziekenhuis. Hij zit op de bok, is politiek gedreven, hij is reactief en overziet alles. Een bestuurder is de moderne regent; ook hij werkt in een politieke omgeving, hij vergadert en representeert. De manager is gericht op outputprocessen, op controle. En de ondernemer brengt iets van A naar B. Hij maakt van zand cement. Dat is mijn rol."

Iedereen die hem heeft ontmoet, weet dat hij goed is georganiseerd. Hij noteert alles in een groot blauw schrift op A4-formaat met harde kaft. Elke dag vult hij vele pagina's met krabbels, halfrijpe plannen en wat hem nog te doen staat. Thuis heeft hij kasten vol met dit soort schriften. Alleen in zijn auto luistert hij naar muziek. Onderweg draait hij oude nummers van Melanie, Jethro Tull, Bob Dylan, een enkele keer The Beatles en the Rolling Stones. Ook de Duitse zanger Stephan Sulke hoort hij graag. "Klassieke muziek is niet aan mij besteed, wel Hongaarse volksmuziek en Portugese fado, daar kan ik geëmotioneerd van raken."

Uiterlijk vertoon en extravagante polshorloges interesseren hem niet, maar hij heeft wel belangstelling voor onroerend goed. Een van zijn meer ideële projecten is de restauratie van een kasteel buiten Parijs, nabij het Rhônedal, dat hij in oude luister heeft laten herstellen. Een goede maaltijd kan hem bekoren, zij het met mate: "Biermagnaat Freddie Heineken zei altijd dat een goede maaltijd niet langer moet duren dan een uur. Daar ben ik het mee eens."

■

Systeemziekenhuis
Begin 2009 lijken de IJsselmeerziekenhuizen in Lelystad en Emmeloord failliet te gaan. In 2008 is er 26,6 miljoen euro verlies geleden. Op last van de Inspectie voor de Gezondheidszorg zijn de operatiekamers gesloten, personeel is weggelopen en het bestuur opgestapt. Slechts een balanssteun van achttien miljoen euro door de NZa en vijf miljoen euro van een particuliere partij, de MC Groep, helpen dit systeemziekenhuis overeind. De beide eigenaars van de MC Groep zijn Loek Winter en oud-bankier Willem de Boer. De Boer is vanaf dag één fulltime betrokken bij de redding. Hij is nu financieel directeur. Het ziekenhuis in Lelystad is omgedoopt in MC Zuiderzee.

Wisselende emoties

Van radioloog werd Loek Winter bestuursvoorzitter van een ziekenhuis. Hoe dat voelt? "Wisselende emoties. Dit is een ontzettend leuk bedrijf waar ik veel tijd in moet steken. Het is ook een complex bedrijf doordat er veel inefficiëntie bestond. Ik ken het klassieke model van het zelfstandige behandelcentrum. Daar gaat het om een beperkt aantal functies: dokter maal patiënt maal een bepaald type verrichtingen."

"Dat model laat zich optimaliseren. Toegankelijkheid is het centrale thema en de output is altijd hetzelfde: de tevreden klant. De telefoon moet meteen worden opgenomen, je moet er snel terechtkunnen, de auto in de buurt kunnen parkeren, de wachtkamer moet toegankelijk zijn, de informatie tijdens het onderzoek dient helder te zijn en de uitslag snel beschikbaar te zijn."

"Goede zorg betekent toegankelijkheid, uitgaande van kwaliteit. Dat geldt voor ZBC's en voor ziekenhuizen. Maar ziekenhuizen zijn complexer, doordat er drie bedrijfsactiviteiten zijn die als een waterbed aan elkaar hangen: de polikliniek, het hotel en het productiebedrijf met de spoedeisende hulp, OK's en IC's. Bovendien heb je te maken met tientallen verschillende functies, van de schoonmaker en leerling-verpleegkundige tot de beste specialist."

"Al die functies zijn aan elkaar gekoppeld. Zodra de OK stil ligt, daalt de bezetting van het beddenhuis en loopt de wachttijd op de poli op. Bovendien zijn de marges heel dun, tussen nul en vijf procent. Er hoeft maar één calamiteit plaats te grijpen, en er ontstaat een enorme bubbel aan de andere kant van het waterbed. De kunst is dus om dat bed vlak te houden."

Geen tijd

"De meeste ziekenhuizen hebben enorme staven met midden- en lager management. Bij MC Zuiderzee zijn die lagen ertussenuit gehaald. Dus moeten wij als bestuurders veel operationeel werk verrichten. Het voordeel is dat je dan snel zicht krijgt op wat er wel en wat niet werkt. Ik heb alle reguliere overleggen en vergaderingen stopgezet. Daar ging vroeger 35 uur per week aan op. Ons vertrekpunt was: we melden ons zodra we winst maken. Alle hens aan dek. Als je een miljoen euro per maand verliest, heb je geen tijd voor regulier overleg."

In december 2008 vertrokken 106 personeelsleden en in januari 113 naar de ziekenhuizen in Harderwijk, Sneek of Almere. Slechts een van de operatiekamers draaide. "Het was heel dun ijs." Nu zijn vier van de acht operatiekamers weer actief. Om de wachtlijsten weg te werken, wordt er op zaterdagen geopereerd. Er is een nieuw OK-complex gebouwd, er worden avondpoli's gedraaid voor cardiologie, interne geneeskunde en gynaecologie en het personeel keert terug. "We hebben drie soorten incentives. Een flat aan het water, een cabriolet of een stage van een maand in een oogkamp in Tibet. Dat spreekt OK-medewerkers aan."

Zijn moeder overleed toen hij zestien jaar was: "Een kind kent geen verdriet. Dat merk je pas later." Zij deed de apotheek aan huis met zijn vader de huisarts. Ze waren samen opgeleid. Ze baarde vijf kinderen in zes jaar, van wie een tweeling. "Mijn grootouders van moederskant hadden zeven kinderen. Mijn moeder was de oudste, ze had een leidende rol in dat gezin."

"Mijn grootvader was agrarisch ondernemer. Hij had een aantal boerderijen, een molen in Nieuwkoop en een transportbedrijf. Een dominante, moeilijke man, wel capabel. Een harde werker. Streng voor zichzelf. Mijn moeder was zijn lievelingsdochter. Ze overleed op jonge leeftijd. Ze kreeg pancreascarcinoom toen ze net 49 was en overleed toen ze eind 49 was."

Sieraden bakken

Op zijn veertiende kopen Loek Winter en zijn jongere broer Erik een oventje om sieraden te maken: "Van die koperkleurige ringetjes met emaille erop." Op een braderie in de buurt hebben ze gezien hoe lucratief dit kan zijn: "Het emaillepoeder kostte een paar centen, de oven dertig gulden. Daar kon je honderden sieraden mee bakken. We verkochten de sieraden voor 2,50 gulden per stuk." Op een gegeven moment hebben ze een productielijn met vier oventjes. Omdat ze nog geen zestien zijn en geen bromfiets kunnen rijden, huren ze oudere scholieren in die de sieraden op braderieën in Schinnen, Geleen en Sittard aan de man brengen. Dat gaat goed tot de schoolprestaties van Erik achterblijven en het bakken wordt verboden. Maar het is pas echt voorbij als zij op een zaterdagnacht in hun fabriekje worden betrapt, nadat alle stoppen zijn doorgeslagen.

Stoppen

"Mijn vader is een prettige man. *Nice having around*. Hij neemt geen risico's. Maar laatst kwam hij – voor het eerst van zijn leven – achter op de motor bij mijn broer Erik naar ons toe gereden. Hij komt uit een brave consciëntieuze familie van achttien kinderen. Hij was de jongste. Ze zijn allemaal hoogbejaard geworden. De jongste drie leven nog, in goede gezondheid."

Waar hij uit put? "Is het abnormaal dat ik dit niet weet? Dat ik te kort aandacht besteed aan psychoanalyse? Ik kan niet stoppen. Ik wil niet stoppen. Het gaat vanzelf en kost me geen enkele moeite. Ik beleef mijn werk niet als werk. *To get it done*, dat vind ik prettig. Stel dat het met MC Zuiderzee lukt. Dat zou een bevestiging zijn van mijn visie dat er meer zorg en betere kwaliteit voor hetzelfde geld mogelijk is, niet zozeer kwalitatief, maar wel qua bezetting, service en bejegening van de klanten."

Eerder verschenen in Skipr 10-2009

Cathy van Beek: 'Hard op de zaak, zacht op de mensen'

Ze maakte zich los van haar calvinistische achtergrond, maar Cathy van Beek snijdt haar

wortels niet door. 'Geloof, hoop en liefde blijven belangrijke drijfveren.'

"Vlak na het overlijden van mijn moeder, bezocht ik mijn vader. Ik vroeg hem: 'Pap, hoe ga je het nou doen zonder mama?' Want zij waren bijna zestig jaar samen." Met zachte stem: "Toen zei hij: 'Ja kind, werken.' Zo is hij altijd geweest."
"Mijn vader is een echte calvinist. Almaar werken. Hij was leraar op de technische school aan de Gordelweg in Rotterdam. Hij gaf les aan de avondschool en schreef boeken. Hij was dé intellectueel van de zwartekousenkerk; Rotterdam kent een harde kern van die kerk."
Na het vertrek van Frank de Grave werd Cathy van Beek (1956) interim-voorzitter van de Nederlandse Zorgautoriteit (NZa). Ze groeide op in een streng calvinistisch gezin dat tot de Gereformeerde Gemeenten in Nederland en Noord-Amerika behoort, de achterban van de SGP. Op haar 25^e jaar maakte ze zich los van de kerk. Nu is ze lid van D66.
"Mijn moeder liep altijd helemaal in het zwart. Zij was een 'bekeerde' vrouw. Ze hoorde tot de gepredestineerde uitverkorenen. Ze was zeer serieus. Het moet jouw strijd blijven, want pas op het einde blijkt of je werkelijk naar de hemel mag. Dat bepaalt God op zijn rechtersstoel."
"Drie zusjes hebben haar afgelegd. We hebben alle drie in de verpleging gezeten. Dat hoorde bij die kerk, als meisje mocht je ter ere Gods niets anders doen. Ik wilde eigenlijk Nederlands studeren, maar de zorg paste als een handschoen bij mij; ik verpleegde thuis altijd de zieken."
"Vroeger droegen we kleren met mouwen tot aan de pols en de knoopjes dicht tot aan de hals. We hadden dikke kousen

Cathy van Beek: 'De technologie helpt ons de wereld te redden'

aan. Wij mochten ons haar niet los dragen, want dat was hoerig. Als kind stond ik te stampvoeten. Ik wilde er leuk uitzien. Dat kon niet in die kerk. Wel met hoedjes op. Als zevenjarige had ik een enorme hoed, waarmee ik zo de kerk in liep. Op de begrafenis van mijn moeder droeg ik een prachtige passende hoed. Toen was de cirkel rond."

■

Marktmeester

Catharina Cornelia van Beek is op 8 juni 1956 geboren in Rotterdam. Ze volgt een opleiding tot verpleegkundige. Later studeert ze pedagogiek, studeert af in bestuurskunde en haalt een Masters in veranderkunde. Na enkele managementposities in ziekenhuizen te hebben bekleed, gaat ze in 1991 bij de Sint Maartenskliniek in Nijmegen werken, vanaf 1999 als bestuurder. In 2006 wordt ze plaatsvervangend voorzitter van de raad van bestuur bij de Nederlandse Zorgautoriteit (NZa), de onafhankelijke toezichthouder op de zorgmarkten. Daar werken zo'n 270 mensen; in 2008 bedroeg de begroting 31,6 miljoen euro. De NZa bepaalt als marktmeester de condities voor markten die geheel of gedeeltelijk worden geliberaliseerd. Ze stelt regels, budgetten en tarieven vast voor het gereguleerde deel van de zorg.

Strenge leer

"Ik was de lieveling van mijn vader. Ik liep voortdurend achter hem aan. Ik ben nog steeds gek op hem. Ik heb een houten plankje dat op school voor hem is gemaakt. Op dit plankje keek hij de lessen na. Ik heb het op schoot als ik geconcentreerd wil werken. Ik stond vaak naast hem als hij een les nakeek. Ik mocht er zijn stempel op zetten. Dan hoopte ik dat iemand een tien kreeg. Maar hij zei: 'Nee, daar en daar is het niet goed.' Hij legde de lat hoog."

Wat hield hun geloof in? "Het is een bijzonder strenge leer. De sfeer is te vergelijken met *Knielen op een bed violen* van Jan Siebelink, maar dan een graadje erger. Knielen op een bed vol distels. In het isolement ligt onze kracht, dat was de formule. Afschermen, iedereen klein houden. Altijd naar jezelf en de leer, de enige waarheid, toe redeneren."

Na een lange rationele worsteling heeft zij zich gedistantieerd van de gemeenschap uit haar jeugd: "Ik stapte op, nadat een bekende dominee tijdens een doopplechtigheid met tien doopouders zei dat kleine ratten ook ratten zijn. Hij doelde op de kinderen die gedoopt werden. 'Denk niet dat zij in de hemel komen. Als ze niet uitverkoren zijn, dan gaan ze naar de hel.' Toen was het over."

Haar gevoel zei dat de dominee fout zat: "Ik kon het niet geloven. Wat een sinister geloof met die predestinatie en erfzonde. Elke dag wordt er drie keer uit de Bijbel voorgelezen. Als kind krijg je te horen dat je niets voorstelt. Die angst raak je nooit helemaal kwijt, ook niet als je van de kerk afgaat."

"Op mijn vijftigste was ik op de helft. De helft met zwarte kousen en de helft met lichte kousen", zegt ze met een brede lach. "Ik ben er niet sentimenteel over. Ik ben erg gelukkig. Mijn jongere zus heeft dertien kinderen. Zij worden net zo opgevoed als ik destijds. Met dezelfde angst. Niet verzekerd, niet ingeënt. Geen euthanasie. Geen abortus. Niets."

"Maar ik snijd mijn wortels niet door, anders ga ik dood. Ik geloof nog altijd in de diepere waarden die ik van huis uit heb meegekregen. De kernwaarden van het calvinisme. Ik luister er ook met respect naar als anderen geloven."

Ze komt uit een gezin met zestien kinderen en was de zesde van boven: "In een groot gezin moet je met heel verschillende types kunnen opschieten. Je moet voor jezelf leren opkomen, anders sneeuw je onder. Als je aandacht wilt hebben van je ouders, moet je je onderscheiden en concurreren. Concurreren is me dus met de paplepel ingegoten. Delen ook, net als leiding krijgen en leiding nemen. Ik ben zowel gewend te delen als leiding te nemen."

"Leren was vanzelfsprekend. Mijn vader heeft na de oorlog de avond-hts gedaan. Hij werkte op een Verolmewerf, net als zijn vader. Op de hts had hij allemaal tienen. Ook wij konden goed leren. Maar de rapporten werden wel naast elkaar gelegd om te zien wie de beste was. De avondschool zat in onze genen. Altijd studeren. Ik ben nu met Engels bezig."

"Ik leef niet als ik niets leer. Ik was een redelijke jobhopper tot ik bij de Sint Maartenskliniek kwam. Ik zeg altijd: als ik uitgekeken raak, ben ik weg. Dan kan ik niets meer toevoegen. En raak ik verveeld."

Handen uit de mouwen

Cathy van Beek is lyrisch over Rotterdam. Ze heeft er twintig jaar gewoond en was interim-locatiemanager bij het Sophia Kinderziekenhuis. "Rotterdam betekent: handen uit de mouwen. Recht voor zijn raap. Dat spreekt mij aan. Direct, scherp, doorzetten." En verder? "Soms te snel je mening klaar hebben, maar die wel geven. Reageren op wat de ander zegt en daar desnoods een conflict over aangaan." Ze koestert de stad: "Rotterdam is leven, tramgerinkel en daarvan houden. Het bruist er. Dynamiek, innovatie, en dat elke dag." Na de Tweede Wereldoorlog moest alles uit de grond worden gestampt: "Het hart was weg. Met dat beeld van Zadkine is het hart teruggegeven."

Vlechten met strikken

"Kun je je voorstellen wat voor een type ik was toen ik in de verpleging begon? Ik deed hier niet aan mee, daar niet aan mee. Ik begon in Middelburg en vervolgde mijn opleiding in Wageningen. Ik had vlechten met strikken erin. Die moesten eruit, want dat was niet hygiënisch."

"Volgens het dienstrooster mocht ik pas om half twee beginnen, zei de hoofdzuster als ik de ochtend weer eens had doorgebracht op de operatiekamer om er te leren van de artsen. En ik, met het zweet in mijn handen: 'Sorry, daar gaat u niet over. Dat is mijn zaak.' Uit de zwartekousenkerk heb ik ook iets onafhankelijks meegekregen. Ze kon me willen tegenhouden, maar ik wilde op de operatiekamer de patiënten zien die ik 's middags moest verplegen. Dat rebelse, dat gideonachtige, zit er van huis uit in."

Toen ze uit de kerk stapte, raakte ze in één klap haar sociale netwerk kwijt: "Mijn vader en moeder hadden een vaste kern om zich heen. Daar hoorde ik niet meer bij. Ook niet bij de tweede cirkel, die op wieltjes: hervormd, gewoon gereformeerd. En dan de buitenste cirkel: van God los, het hellend vlak, op weg naar het verderf. Daar zat ik."

Toch is er continuïteit: "Geloof, hoop en liefde zijn belangrijke drijfveren voor mij. Ik ben een optimistisch mens. Ik geloof in de vooruitgang. De technologie helpt ons de wereld te redden. Ik steun de technologische innovatie waardoor we de zorg betaalbaar houden. En waar blijven we zonder hoop? Je moet perspectief schetsen voor mensen, ook in organisaties. Visie, waar gaan we heen? En dan de liefde. Dat betekent zorgzaamheid, je bekommeren om een ander. Klinkt misschien soft, maar ik meen het."

Tegennatuurlijk

Van Beek stelt hoge eisen aan zichzelf en anderen: "Ik ben prestatiegericht: hard werken, resultaat behalen. Daarnaast is er de menselijke kant. Inderdaad, ik ben hard op de zaak en zacht op de mensen." Eurocommissaris Neelie Kroes is een voorbeeld: "Zij blijft zichzelf. Ze houdt vast aan haar boodschap. Ze is authentiek en consistent. Ik vind haar een mooi mens. Zo wil ik wel oud worden."

"Thuis discussieerden wij op het scherpst van de snede. Ik heb leren luisteren en het conflict leren formuleren als dat nodig was. Als meisje had ik een krantenwijk. Dat was mijn blik op de wereld. Ik vond het heerlijk, maar het moest ook. Mijn vader had een redelijk salaris, maar hij nam geen kinderbijslag aan en we waren niet verzekerd. Als mijn moeder met een zwangerschap in het ziekenhuis kwam of een van de kinderen iets overkwam, moesten wij dat zelf betalen."

"Op driejarige leeftijd ben ik in totaal drie maanden in het ziekenhuis geweest, onder meer met difterie. Alleen, geen broertjes, geen zusjes. Ook mijn ouders kwamen weinig op bezoek. Dat was een donkere periode. Op het eind van de dag ging ik psalmen zingen. Er werd daar niet anders gezongen. 'Opent uwe mond. Eist van mij vrijmoedig.' Ik ken het nog."

De roerige jaren zestig en zeventig gingen grotendeels aan haar voorbij: "De maanlanding: pas dit jaar heb ik ademloos gekeken naar de tv. De mensen waar ik in 1969 in Werkendam logeerde, zaten op hun knieën. Ze waren bang dat de wereld zou vergaan als de eerste mens voet op de maan zou zetten. Dat was tegennatuurlijk. Dat mocht absoluut niet."

■

Voetbal

"Als ik ergens bij betrokken ben, kan ik daar heel enthousiast over raken. Voetbal was nooit echt mijn ding. Maar enkele jaren geleden speelde NEC in Nijmegen een vriendschappelijke wedstrijd voor de slachtoffers van de tsunami. Er werd veel geld opgehaald. De Sint Maartenskliniek had een kunstveiling georganiseerd en de voorzitter van NEC vroeg me of we samen iets konden doen. Ons doel werd een ziekenhuis opbouwen dat was weggeslagen. Ik heb de cheque in het NEC-stadion overhandigd gekregen. Sindsdien is mijn passie voor voetbal gegroeid. Natuurlijk kijk ik nu mee als Feyenoord op tv is. 'Geen woorden maar daden. Leve Feyenoord 1.' Dat heb ik als meisje al gezongen, vroeger in Rotterdam. Maar dat mocht niet van mijn vader, omdat het een straatlied was. Tja."

Weinig applaus

"Gelukkig ben ik niet gauw bang. Dat heb ik ook in mijn werk. Toen de IJsselmeerziekenhuizen flink in de problemen zaten, namen wij een standpunt in dat weinig applaus opleverde. Maar als ik ervan overtuigd ben dat een bepaald advies klopt, dan geven we dat af. De NZa wil helpen waar ze kan, want wij redeneren vanuit het belang van de zorgconsument."

"Wij vinden dat het gelijk van de consument hoort te winnen. Neem onze beleidsvisie op de dagbesteding van verstandelijk gehandicapten. Daar zaten veel grote instellingen niet op te wachten. Er was immers sprake van gedwongen winkelnering. De cliënt of de ouders moesten hemel en aarde bewegen om ergens anders dagbesteding te krijgen die meer op het talent van de cliënt was toegesneden. Wij hebben doorgezet."

"We bevinden ons in het zenuwcentrum van de zorg. Uiteraard houdt de Inspectie voor de Gezondheidszorg toezicht op de kwaliteit van de zorg. Maar wij houden toezicht op de marktordening in de zorg. Handelt een actor in het belang van de zorgconsument? Hoe transparant is de instelling? De onderhandelingstaal die daarbij wordt gebuikt, is essentieel. Wij schrijven die taal. Anders krijg je een nieuw Babylon. Als mensen geen taal hebben, is er geen communicatie, maar chaos."

"Wij krijgen wel eens te horen: waar bemoeit de NZa zich mee? Als het op grond van de Wet marktordening gezondheidszorg nodig is, moeten we ons er wel mee bemoeien. Daar zijn we voor. Je kunt niet verwachten dat er met meer graden van vrijheid minder verantwoording hoeft te worden afgelegd. Het gaat om overheidsgeld, geld van ons allemaal. Elke euro die er in de zorg omgaat, moet zo veel mogelijk opleveren voor de zorgconsument. En nauwgezet worden verantwoord."

Eerder verschenen in Skipr 11-2009

Elmer Mulder: 'Als het mis gaat, moet je vooraan staan'

De manier waarop Elmer Mulder omging met de brand die in 2007 acht operatiekamers

verwoestte, tekent zijn bestuursstijl. 'Ik wilde de toekomst van het VUmc veiligstellen.

En heb zichtbaar leiding gegeven.'

"Ik woon vlakbij het VUmc. Ik was me aan het aankleden toen ik over de brand hoorde. Ik ben direct op de fiets gesprongen. Onderweg zag ik mijn eigen ziekenhuis in brand staan. Als ik mijn ogen dicht doe, zie ik dat beeld nog. Ik smeet de fiets neer, vergat hem op slot te zetten en stormde de commandopost van de brandweer binnen. 's Avonds stond de fiets er nog."

"Gelukkig was er niemand gewond. Maar ik was wel veertig procent van onze operatiecapaciteit kwijt. Ziekenhuizen uit de omgeving wilden patiënten overnemen. Erg attent, maar als dat op grote schaal gebeurt, dan ben je ze kwijt." Bovendien zijn de marges in de ziekenhuiswereld klein. "Iedereen is toen als een paard gaan werken. Nood breekt wet, opeens kon alles." In een week trof hij met tientallen medewerkers een financiële regeling; normaal duurt dat een jaar. "Ik heb de afdelingshoofden een onbeperkt mandaat gegeven om te doen wat er moest gebeuren. Ik vertrouwde ze volledig."

"Er zit iets bijzonders in het waardensysteem van dit ziekenhuis. Als leider geef je daaraan richting. Je koppelt waarden aan ambitie. Ik wilde de productie halen, ondanks de brand. Linksom, rechtsom, het kon me niet schelen. Of dat leiderschap is? Het heeft in elk geval niets met hiërarchie te maken. Je staat tot je knieën in de modder. Geen flauwekul, geen mooie verhalen. Doen. Dat krijg je terug."

Er moest allerlei nieuwe apparatuur komen: "Ik heb wel meteen de grenzen aangegeven. Wie er misbruik maakte van het

Elmer Mulder: 'Vertrouwen win je door er te zijn en te luisteren'

vertrouwen, kreeg een groot probleem met mij en met zijn collega's." Alles is vlekkeloos verlopen. "Iedereen wist dat de tent op scherp moest staan. Niemand haalde het in zijn hoofd om de boel te flessen. Qua exploitatie heb ik nog nooit zo'n mooi jaar gehad." Uiteindelijk werd er een half procent minder productie gedraaid: "We hebben alleen maar gewerkt. Van die zomer kan ik me verder niets herinneren."

■

Bestuursvoorzitter
Elmer Bastiaan Mulder is op 6 juni 1950 in Bussum geboren. Hij studeert economie aan de Vrije Universiteit. In 1977 wordt hij beleidsmedewerker bij de Nationale Ziekenhuisraad, in 1982 algemeen directeur van de Amsterdamse Stichting Kinderdagverblijven. Drie jaar later stapt hij over naar het Jan van Breemen Instituut. In 1990 volgt zijn benoeming tot algemeen directeur van het Slotervaartziekenhuis en in 1997 tot directievoorzitter van de Stichting Reinier de Graaf Groep in Delft. Sinds 1999 is hij bestuursvoorzitter bij het VU medisch centrum. Hij is voorzitter van de raad van toezicht bij het Nederlands Huisartsen Genootschap en lid van de raad van commissarissen bij Prismant.

Gereformeerde cultuur

Sinds ruim tien jaar is Elmer Mulder (1950) bestuursvoorzitter van het VUmc. Lang was dit een van de kleinste van de acht academische centra. Maar dat is voorbij als de intensieve samenwerking met GGZ InGeest in 2012 uitmondt in een fusie en het VUmc definitief een middelgrote academische zorginstelling wordt. Mulder: "Je hoort een bepaalde schaal te hebben om de hoogvlakte aan te kunnen."

Een ziekenhuisbestuurder in een academisch milieu wordt soms geconfronteerd met bijzonder grote ego's van medisch specialisten. Hoe hij daarmee omgaat? "Het zit in je of je daarvoor gevoelig bent. Dat heeft te maken met je achtergrond en opvoeding. Ik kom uit de gereformeerde cultuur. Ik heb geleerd mijn verantwoordelijkheid te nemen, me in te zetten voor maatschappelijke doeleinden, en om aandacht en respect te hebben voor anderen. We hadden het goed thuis. Maar mijn ouders hadden niets met status. Ze hebben me geleerd dat macht en geld niet de belangrijkste zaken in het leven zijn. Als je als jongen spierballengedrag vertoonde, dan werd dat aangepakt. Je moest bescheiden en flink zijn en je verantwoordelijkheden niet ontlopen."

Vlak na de Tweede Wereldoorlog werkte zijn vader als jurist bij het Nederlands Beheersinstituut. Dat instituut beheerde vermogens van allerlei zoekgeraakte mensen. Joden, delinquenten, NSB'ers die met de Duitse bezetters hadden geheuld: "Mijn vader merkte dat er met twee maten werd gemeten. De grote jongens werden ontzien, maar de sigarenhandelaar om de hoek werd zwaar gepakt. Daar kon hij niet mee leven. Hij is er weggegaan. Hij stelde grenzen. Deze houding heeft mij als kind gevormd."

"Mijn vader was een charismatische, warme man. Hij kon mensen inspireren. Ze zeggen dat ik op hem lijk. Hij was gevoelig voor relaties en kwetsbaar. Hij was ook normatief. Goed en kwaad. Als je je had misdragen, werd je stevig toegesproken."

■

Kansen en talenten

Hij was de middelste tussen twee zussen. Wat 'thuis' betekende? "Liefde, en ambitie. Het beste ervan maken. Je staat met een opdracht in de wereld, je mag je leven niet vergooien. Benut je kansen en talenten. Bijbels. 'We blijven te allen tijde vol goede moed', schreef de apostel Paulus. Ik ben nog steeds gelovig, al ga ik niet regelmatig naar de kerk. Bij het VUmc stuur ik de dienst geestelijke vorming aan. Zingeving, spiritualiteit: daar moet meer mee worden gedaan."

Innerlijke waarden

Toen Elmer Mulder bij het VUmc begon, wilde hij een stijl van leidinggeven ontwikkelen waarmee hij zijn personeel kon inspireren. "Ik zocht naar een manier om samenhang en binding te verwezenlijken, en een gemeenschappelijk doel te formuleren. Er bestond veel deskundigheid, maar ook veel onvermogen. Er waren conflicten. Hoe lossen we die op? Hoe uiten we ons? Wat is onze identiteit? Wat doen we met die cultuur?" Hij had bewe-

zen dat hij grote ziekenhuisorganisaties kon leiden, hij kende de
VU, maar hij was niet gepromoveerd, dus 'niet van de academie'. En opeens kreeg hij te maken met uitzonderlijk getalenteerde mensen die op een heel hoog niveau werkten. Hoe kon hij
deze superdeskundigen bereiken om samen de toekomst te
definiëren?

Hij pakt er een oud notitieblokje bij. Al begin 2001, laat
hij zien, schreef hij op wat hij wilde. "Van traditie en hiërarchie
naar delegatie. Vertrouwen scheppen. Verantwoordelijkheid
nemen. Van eilanden en verkokering naar saamhorigheid. Van
papieren waarden naar nageleefde waarden. Elkaar
aanspreken."

In de Verenigde Staten stuitte hij op een organisatie die
zich met dit soort uitgangspunten bezighield. Dienend leiderschap, *servant leadership*, was de term. Dus reisde hij naar Indianapolis. Hij ontmoette er veel geslaagde zakenmensen: "Zij zeiden
'ik ben wel succesvol, maar dit bedrijf is ook van mijn medewerkers'. Ik dacht meteen: zo moeten we het bij het VUmc ook doen.
Innerlijke waarden, dat is het begrip. De Vrije Universiteit is bij
uitstek een organisatie die waarden in zijn genen heeft. Christelijke waarden als trouw, respect voor het individu, spiritualiteit.
Waarom laten we dat liggen?"

Tegelijkertijd was het begrip leiderschap in de maatschappij al op vele fronten aan het eroderen. "Neem de toenmalige affaires bij Enron en Ahold. Managers hebben jarenlang de
nadruk gelegd op economische aspecten. Op strategie, systemen,
processen, procedures, protocollen, fusies en privatiseringen. In
de zorgsector is daar een jargon bij verzonnen met begrippen als
productiestraten, budgettering en dbc's. Zelfs de professionals
snappen daar niets van."

Bestuurders horen een voorbeeldfunctie uit te oefenen.
"Het gaat om vertrouwen. En vertrouwen win je niet doordat je
een prestigieuze positie hebt, maar door er te zijn en te luisteren. Consistent, integer, duurzaam; niet de andere kant op kijken als het moeilijk wordt." Geen schijnoplossingen bedenken,
maar de kern op tafel zien te krijgen. "Ik heb niets revolutionairs
gedaan. Ik heb het aantal stafafdelingen beperkt, ik heb gedecentraliseerd en nieuwe divisies ingericht. Ik heb nu veel goede
mensen om mij heen, ook jonge *high potentials* die we graag opleiden; over een paar jaar zijn zij directeur in een ander
ziekenhuis."

"Ja, het is *a hell of a job*. Je moet erg veel praten en constant focusseren. Maar het is geweldig om te doen. Je levert een topprestatie, dus moet je fit blijven. Als je niet fit bent, loop je risico's." Hij sport twee keer per week: hardlopen. "Ik let op mijn lichaam. Ik ben gedisciplineerd, ik zorg dat ik goed slaap." Hij kan problemen goed hanteren. "Ik ben gezond, nooit ziek geweest. Fantastisch. Ik moet het afkloppen." Drie keer klopt hij met zijn hand onder de tafel. "Ik ben gezegend met een gezond gezin. En als ik de balans niet in de gaten houd, corrigeert mijn echtgenote me. Alleen dan houd je vol."

Geen vage hippie

Zelf was hij een kind van de jaren zestig, maar geen vage hippie: "Ik ben onderdeel van dat protest geweest. Ook ik heb regelmatig in de clinch gelegen met mijn ouders. Ik had langer haar en een baard. De samenleving was erg normatief. Je moest je aan allemaal regels houden. Thuis hadden we maar één schamel radiootje waarop wij als jongeren muziek konden horen. Veronica. De rest was ingekaderd." Hij lacht voluit: "Ik moest me gedragen zoals dat bij het gereformeerde volksdeel hoorde. En je ouders hadden ervoor te zorgen dat je op het rechte pad bleef."

"Mijn moeder was een stevige vrouw. Ze stond voor haar zaak. Moedig. Ze had een voorbeeldfunctie." Zij heeft de oorlog intensief meegemaakt; zij zat in het verzet, net als haar broers en haar vader. Ze waren ondergedoken in Kampen. Daar werd na de oorlog niet meer over gepraat. Alles werd weggestopt, pas veel later begon zij erover. "Angst bestond niet voor haar. 'Weet je wat angst is?', vroeg ze dan: 'Angst is een deur opendoen en dan staat er helemaal niemand.' Dit verklaart waarom ik niet snel wijk. Ik schipper niet; dat heb ik van haar. Tot hier en niet verder. Ik houd me rustig aan de argumenten. Maar als de lijn helder is, dan sta ik daarvoor. Dan moet ik daaruit de consequenties trekken. Ik kan hard managen voor het bedrijf, voor de mensen en de continuïteit. Laat daarover geen misverstand bestaan. Ik ben stevig en directief. Maar ik kan ook zacht zijn en veel aandacht geven."

Fusie

Het VUmc is als academisch medisch centrum nauw verbonden aan de Vrije Universiteit in Amsterdam. In 2008 behaalde het VUmc een omzet van 705 miljoen euro. Het ziekenhuis is breed opgezet, maar oncologie en neurologie, bewegen en extramurale geneeskunde zijn speerpunten. Het oncologieonderzoek staat in de Europese top tien. De medische opleiding is zeer in trek, ook bij allochtone studenten.

Rituelen

Zijn eigen echtgenote is katholiek. Zij leerde hem dat rituelen waardevol en bevrijdend kunnen zijn. "Toen mijn moeder overleed, zette mijn vrouw meteen een kaars neer. Ik dacht dat dit niet bij elkaar paste. Een kaars is voor mij een teken van licht, tot ik begreep dat het licht ook hoop biedt. Door de katholieke kant van mijn vrouw ben ik opgeschoven en uitbundiger geworden. Zij heeft een Mariabeeld in huis gezet. Bij mijn ouders zou dat *not done* zijn geweest."

Tegenwoordig laat Elmer Mulder zich inspireren door de benedictijnen en het boek *Een leefregel voor beginners* van de Nijmeegse filosoof Wil Derkse. De benedictijner kloosterorde stamt uit de zesde eeuw na Christus. Zij is sterk waardegedreven; contemplatie en arbeid staan voorop.

Mulder: "Ook in het VUmc hebben we leefregels opgesteld. Een daarvan is dat we respect hebben voor andere levensovertuigingen. Daarom hebben we voor onze medewerkers een wereldkeuken gemaakt waar ook halal voedsel wordt geserveerd. Er bestaat hier geen vrijblijvendheid meer. We vinden dat we ons aan gemaakte afspraken moeten houden. We horen de tijd te nemen om te luisteren. En we moeten verantwoording afleggen voor ons handelen."

Eerder verschenen in Skipr 12-2009

Elisa Carter: 'Als de cijfers niet kloppen, ga ik moeilijk doen'

Ze was illegaal en sliep op straat. Elisa Carter maakte een bliksemcarrière in de Nederlandse zorg. Tijdens het gesprek met Skipr is ze bestuurder van GGzE Eindhoven en de Kempen.

Wat haar drijft? Een brede lach op haar gezicht: "Ik wil verschil maken. Als persoon, hoe ik in het leven sta. Hoe ik mijn werk doe en omga met mensen. *Dare to be different.*" Haar ogen schitteren: "Het leven bestaat uit mensen, het gaat om mensen. Alleen samen vorm je een groter geheel. Anders is het erg leeg en eenzaam."

Een gulle, sprankelende persoonlijkheid. In 1979 vertrok Elisa Carter (1955) vanuit Suriname naar Nederland. Op een Guyanees paspoort, omdat ze in Georgetown werd geboren en nooit Surinaamse werd. Ze wilde zo snel mogelijk leren hoe ze leiding kon geven. In Nederland, dacht ze, kon ze sneller carrière maken: "Ik wilde de baas worden."

Ze begon als illegaal; voor Guyanezen bestond geen opvang. Acht maanden zonder verblijfsstatus, zonder werkvergunning of geld. Ze zat ondergedoken, was dakloos en soms sliep ze op straat: "Je doet alles om te overleven." Ze bereikte haar doel. Ze is bestuurder van GGzE Eindhoven en de Kempen, een bedrijf met bijna tweeduizend medewerkers.

Ze heeft gekozen voor een organisatie die zich richt op personen met psychiatrische aandoeningen: "Wij concentreren ons op zeer kwetsbare patiënten. Zij hebben veel zorg nodig. Deze groep mensen groeit snel. Hun zorg halen zij bij ons." Het geeft haar een kick te helpen: "Ik sta niet in de voorste linies.

Elisa Carter: 'De liberalisering in de zorg houdt ons scherp'

Maar mijn medewerkers hebben elke dag met de patiënten te maken. Zij maken het verschil. Het geeft mij een goed gevoel dat ik daaraan leiding mag geven."

■

Carrière

Elisa Roxanne Carter komt op 19 februari 1955 ter wereld in Georgetown, Guyana. In Suriname doet ze een verpleegkundige opleiding en in het Rotterdamse Van Dam-ziekenhuis volgt zij de opleiding tot anesthesie-assistent. Ze doorloopt een kaderopleiding en een studie bedrijfskunde (MBA), waarna ze carrière maakt bij het VUmc. Carter wordt manager anesthesie, manager dienst operatiekamers en verpleegkundig sectorhoofd heelkunde. Zij vertrekt om manager/hoofd algemene gezondheidszorg GGD Brabant Noordoost te worden. In 1996 wordt ze enig bestuurder van het RIAGG Maastricht. Tot 2004 is Elisa Carter lid van de raad van bestuur GGzE Eindhoven en de Kempen. In 2010 wordt ze lid van de raad van bestuur van het Erasmus MC.

Verkeerde medicijnen

Haar beide ouders komen uit Brits-Guyana, maar haar vader heeft ze amper gekend. Hij stierf op jonge leeftijd: "Ik weet niet eens of hij ooit met ons speelde of gek deed. Ik kan me alleen de dag herinneren dat hij dood ging." Ze was bijna vijf jaar oud: "Mijn vader reed een Harley Davidson. Je hoorde hem altijd aankomen. Mijn moeder, mijn oudere broer en ik waren thuis. We begonnen te rennen: *Daddy, daddy, daddy.*" Toen ze de deur open deden, kwam haar vader al naar binnen gewankeld: "Hij had een wit hemd aan en een donkere broek. 'What's going on?,' zei mijn moeder. Ze ving hem op. Met moeite kregen ze hem de trap op. Mijn vader was zwaar. Hij viel op bed en begon hard te praten. Opeens was het voorbij. Daarna zie ik alleen familie in de kamer. Mijn *granny*, tantes, neven en nichten. Mijn vader had de verkeerde medicijnen gekregen; hij was al een poos ziek, hij werd behandeld voor tbc. Die ochtend was hij nog bij de dokter geweest."

"Hij was houtexpert. Hij beoordeelde tropisch hout uit het Caribisch gebied op bruikbaarheid. Dat deed hij namens de overheid, hij was ambtenaar." Haar moeder had een schoonheidssalon. Zij hertrouwde met een Surinaamse man. Daardoor kwam het gezin in Suriname terecht.

"Mijn grootmoeder en grootvader van vaderskant heb ik gekend tot wij verhuisden. Mijn grootvader was kort daarvoor overleden. Hij hield erg van ons, we wisten alles van hem. Hij was gepensioneerd, soms pestten we hem een beetje. Hij was eigenaar van een plantage, hij stamde af van slavenhandelaren op Barbados en plantage-eigenaren in het Caribisch gebied."

Haar moeder leeft nog. Olga Osborne was het enige kind van een zwarte moeder en een 'dubbel-bloed' vader (witte vader, zwarte moeder). Ze kreeg zeven kinderen: drie meiden, vier jongens. Elisa was de tweede, Wyatt de eerstgeborene, de oudste zoon: "Wij noemden hem Junior. Juni, omdat hij net zo heette als mijn vader. Hij was mijn maatje. De meeste Carters lijken op elkaar. Hetzelfde gezicht, meestal bruine ogen, net als ik, en een brede neus. Maar Juni had witte trekken, een spitse neus en smalle lippen." Hij overleed twaalf jaar geleden. "Traumatisch. Je ziet eerst je vader doodgaan en dan je broer. Toen kwamen de herinneringen en de beelden."

Liberaal

Haar bestaan draait om personen: "Als iemand binnen mijn wereld- en mensbeeld past, voel ik daar iets voor." En nee, ze is niet politiek geëngageerd: "Ik ben niet zo diplomatiek. Dat spel kan ik niet goed spelen." Ze neigt meer naar de liberale dan naar de puur sociale kant: "De liberalisering in de zorg houdt ons scherp. Je moet steeds opnieuw de balans zoeken. Er zijn ook anderen die ons werk kunnen doen. Misschien doen ze dat zelfs beter, of met minder geld. Ik zeg altijd: neem deze uitdaging aan. Kijk anders naar je organisatie en verander haar als dat nodig is. Maar nieuwe aanbieders mogen niet jouw geld krijgen alleen om met jou te concurreren."

Een voorbeeld. Binnen de regionale instellingen voor ambulante geestelijke gezondheidszorg is de concurrentie snel toegenomen. Er zijn instellingen bijgekomen die enkelvoudige psychotherapeutische problemen sneller en beter behandelen. Zij halen de krenten uit de pap. Carter: "Ze werken met strakke protocollen. Ze kijken niet naar de context van een stoornis, maar uitsluitend naar de invaliderende klacht van de patiënt. Dat is goedkoper."

De GGzE kan daar niet tegen concurreren, omdat ze een grote overhead en duurder personeel heeft en aan tijdrovend wetenschappelijk onderzoek doet: "Er moet meer keuze komen voor de patiënt. Dus steunt de financier, de overheid, de nieuwe toetreders. Maar het Ministerie van Volksgezondheid heeft te weinig oog voor de gevolgen van zijn beleid. Zodra de nieuwe toetreders op hun poli's te maken krijgen met een complexere en duurdere zorgvraag, schuiven zij de patiënt naar ons af. En wij mogen voor de kosten opdraaien, terwijl het maximumtarief niet past bij de zorgzwaarte." Dat is unfair, vindt zij.

■

You have to look good
Ze komt uit een ambitieus gezin. Alle kinderen Carter gaan voor studie, werk of carrière naar de Verenigde Staten en Nederland. Nu is iedereen terug in Suriname, behalve Elisa Carter. Een sportief gezin: broer William is een fanatieke basket- en volleyballer, jongste zus Patricia is veelvuldig sportvrouw van het jaar in Suriname. Oudste broer Wyatt en zus Penelope waren atleten. Ook Elisa deed van haar negende tot haar achtentwintigste aan atletiek: lopen, springen, discuswerpen, speerwerpen. Nu houdt zij het op joggen en fitness. "Om het lijf en de spieren intact te houden. Je moet er ook een beetje mooi uitzien. Met een lange uithaal: *"You have to look good."* De familiebanden zijn nog altijd sterk. Ook daarom vliegt zij zo vaak mogelijk naar Atlanta in de VS. Want daar wonen haar dochter uit een eerder huwelijk, nu filmmaakster, en haar twee kleindochters.

Luisteraar

De GGzE bevindt zich in een overgangsfase: "We zijn bezig met een forse reorganisatie, we herijken onze zorg en ons financiële beleid." Deze ontwikkelingen moeten leiden tot doeltreffende zorg in een helende omgeving en een financieel gezonde organisatie. Een zorgorganisatie doorstaat dit soort woelige tijden alleen als de leiding als team optreedt: "Goed is niet goed genoeg: de relatie met je medebestuurder en de directeuren moet perfect zijn. Op school is goed een acht. Daarna komen nog twee cijfers. Je moet elkaar begrijpen, scherp houden en aanspreken. 'Zeg je echt wat je bedoelt? Bedoel je wat ik begrijp? Snap ik wel wat jij bedoelt?' Dat soort vragen." Dit levert spanningen op. "Die mag je niet uit de weg gaan."

Als gepassioneerde Caribische vrouw signaleert ze cultuurverschillen. Zij is een luisteraar: "Ik kijk en observeer. Ik kom pas later uit de hoek." Als ze het antwoord niet meteen weet, begint ze te redeneren: "Bij mij is redeneren hardop nadenken. Wikken en wegen. In mijn hoofd en buik buitelt alles over elkaar heen. Dan zie je medewerkers denken: 'Wat zegt ze nou?'"

"Het is een kwestie van temperament. In een discussie over de reorganisatie of een financiële kwestie, wil ik dat iedereen zegt wat hij denkt. Als iemand een goed idee heeft en het past een beetje bij mij, dan maken we er iets moois van. Dan regelen we het. Kom maar, vertel, vertel. Wat wil je? Rechts, links, boven, onder. Oké. Het is een appel geworden, of een peer. Dat is een andere manier van werken, maar wel de mijne."

"Ik ben graag vrolijk en geef iedereen de ruimte. En ik kan frivool zijn. Dat vind ik het leukste. Maar ik bewaak wel de grenzen: zakelijk, zuiver, soms te precies. Ik schroom niet om aan te geven dat ik het ergens niet mee eens ben. Ik geef heus niet altijd strak leiding, want ik ben meer van het organische. Maar als de cijfers niet kloppen, ga ik moeilijk doen. Niemand kan zijn hoop hier neerleggen en daarna achteroverleunen. Ik heb niets aan verklaringen, ik wil weten wat het probleem is. Hoe komt het dat er een tekort opduikt? Als de jaarrekening niet klopt, moet ik naar mijn raad van toezicht. Dan ligt het probleem op mijn bord. Dus wil ik weten hoe het zover is gekomen. En daarna beslis ik of ik help of niet."

■

Negatief resultaat
De Stichting Geïntegreerde Geestelijke Gezondheidszorg Eindhoven en de Kempen (GGzE) ontstaat in 2002 uit een fusie tussen de GGz Eindhoven (RIAGG en psychiatrisch ziekenhuis) en de Regionale Instelling voor Beschermd Wonen (RIBW). Ze heeft verschillende locaties, een forensische kliniek (tbs) en een jeugd forensische afdeling. In 2008 worden 15.000 patiënten door tweeduizend personeelsleden voorzien van zorg en dienstverlening. In 2007 bedraagt het negatief resultaat tachtigduizend euro bij een omzet van 121 miljoen. In 2008 wordt een negatief resultaat behaald van 344.000 euro op een omzet van 128 miljoen. De solvabiliteit is gedaald van ruim veertien procent tot onder de negen procent.

Winti

Ze is niet gelovig, al werd ze methodistisch gedoopt en gaat haar moeder nog steeds naar de kerk. Vroeger ging zij mee, maar toen ze zelf kon bepalen wat ze deed, is ze ermee gestopt: "Ik heb de essentie van het christendom nooit begrepen. Ik vond het een gruwelijk verhaal dat Jezus gemarteld is en voor ons aan het kruis gestorven is. Als kind was ik daar helemaal van ondersteboven."

"Er is voor mij wel iets wat boven de mensheid staat. Als mensen zeggen: 'Dat is God', dan is het zo. Maar ik geloof in spiritualiteit: wat er in mij en in andere mensen zit. Dat drijft mij. Er is 'iets' boven ons wat het gras doet groeien en alles regelt wat er in de natuur gebeurt. Het heeft te maken met aura's en met beleving. Welke betekenis geef ik aan het feit dat de zon soms op mijn huid mag schijnen en dat ik kan genieten van een storm? Dat is wetenschappelijk niet altijd te verklaren."

Er zijn dingen die buiten haar om kunnen gebeuren: "Ik ben geïnteresseerd in sjamanistische rituelen. Anderaardse belevingen. Waar ik vandaan kom, is dat heel gewoon, daar let je op dit soort dingen. Soms voel je aankomen wat er straks gaat gebeuren. Dan zit de gebeurtenis al eerder in je lichaam. Dat is winti: een eigen cultuur. Als je een onderdeel van je leven niet goed hebt afgesloten, kun je een ritueel uitvoeren. Daardoor krijg je de ruimte om dingen af te maken en een plek te geven in je leven."

Ze weet dat haar benadering soms wringt. En ze heeft ervaren dat andersdenkenden hier niet vanzelfsprekend welkom worden geheten: "In Nederland word je niet met open armen ontvangen. Je moet presteren. De mensen moeten je interessant genoeg vinden om samen met jou belangrijke dingen te doen. Ik heb me welkom gemaakt in de sector waar ik werk. Ik heb me bewezen. Maar de starheid, de rationaliteit en de bijna emotieloze benadering die je soms in het werk moet hebben, kan ik niet voortdurend opbrengen. Omdat ik niet zo ben. Ik kan me niet anders gedragen. Ik wil flexibiliteit, emoties en franjes blijven toelaten."

Eerder verschenen in Skipr 01-2010

Tineke Hirschler-Schulte: 'Disfunctioneren hoor je aan te pakken'

Ze houdt van duidelijkheid. De raad van bestuur kan elke specialist die niet functioneert naar huis sturen. 'Wie niet kan of wil veranderen, moet vertrekken.'

"Je moet grenzen trekken. Wie niet goed communiceert of herhaaldelijk een fout maakt en niet bereid of in staat is te veranderen, moet weg." Tineke Hirschler-Schulte weet precies waarover ze praat. De bestuursvoorzitter van het Deventer Ziekenhuis studeerde medicijnen en werkte enige tijd als medisch specialist. Zij zag met eigen ogen hoe slecht de samenwerking binnen een medische staf kan zijn en hoe lang het kan duren voor er ergens wordt ingegrepen. In één geval kon een arts pas worden ontslagen, toen ze allang ergens anders bestuurder was geworden.

"Als het moet, kun je iedereen ontslaan. Desnoods met een zak geld." Haar advies: "Je moet wel eerst een dossier aanleggen. Want als je iemand wilt ontslaan die aantoonbaar onder de maat presteert, moet je als werkgever ook kunnen aantonen dat er structureel sprake is van disfunctioneren."

Zij oogt bescheiden en attent. Terughoudend, type dienende leider. Maar als het om de zaak gaat, kan ze scherp uit de hoek komen: "We zijn er in de zorg minder goed in om dossiers van medewerkers op te bouwen. We voeren functioneringsgesprekken, maar de verslagen komen niet in het personeelsdossier. Dat is te bedreigend." De leidinggevende houdt zelf de verslagen, anders lijkt het gesprek te veel op een beoordeling: "Onzin, flauwekul." Als er een nieuwe leidinggevende komt, krijgt alleen hij of zij de verslagen te zien: "Dit is fundamenteel fout."

Zij leest alle klachten van de afdelingen die onder haar vallen: "Mijn collega-bestuurder en ik bekijken per kwartaal of er opvallende ontwikkelingen zijn. Als een specialist te vaak

Tineke Hirschler-Schulte: 'Gelukkig nemen mijn medewerkers alle ruimte'

bejegeningsklachten krijgt, praat ik met de voorzitter van de vakgroep en de persoon in kwestie." Kordaat: "Iemand die niet altijd even bekwaam is maar wel nascholing wil, moet je steunen. Maar als hij zich niet wil laten nascholen, gaat hij eruit."

∎

Stoere Puchs

Tineke Schulte wordt op 10 januari 1955 in Zaandam geboren als oudste in een katholiek gezin met vier kinderen. Op haar negende verhuizen haar ouders naar Castricum. Zij bezoekt er de hbs-b: "Een mooie tijd. Schoolfeesten. Stoere Puchs. De Stones." In 1972 gaat ze aan de Vrije Universiteit in Amsterdam medicijnen studeren. Op haar twintigste trouwt ze met Mike Hirschler. Ze maakt haar studie af in Groningen en begint als longarts in het Wilhelmina Ziekenhuis Assen. In 1989 wordt zij arts in het Medisch Centrum Leeuwarden en in 1991 diensthoofd poliklinische zorg. In 1994 volgt haar benoeming tot directeur patiëntenzorg te Assen. Acht jaar later wordt ze bestuurslid van het Meander Medisch Centrum Amersfoort. Sinds 2007 is zij bestuursvoorzitter van het Deventer Ziekenhuis.

Kritische mensen

Haar ouders waren katholiek. Ze lieten al hun kinderen dopen. Zelf ging zij naar een katholieke lagere school en naar de katholieke hbs, de bezemklas voor de invoering van de Mammoetwet. Meteen in het eerste jaar zei ze de kerk vaarwel: "Ik geloofde niet in de Bijbel en het verhaal van Jezus aan het kruis. Elke zondag diezelfde mis en een inhoudsloze preek van de kapelaan. Niets voor mij."

Ze kreeg godsdienstles van een pater jezuïet die zijn witte habijt had afgelegd. Hij was maatschappelijk geëngageerd en probeerde zijn leerlingen tot kritische mensen te vormen. Zij schreef een opstel over de schepping: "Ik vroeg me af waarom God wel op een mens en niet op een beest lijkt. Ik kreeg er een negen voor. Toen zei ik tegen mijn ouders: 'Ik hoef niet meer naar de kerk.' Zij accepteerden dat. 'Het is jouw keus', zeiden ze. Mijn moeder bleef gaan, omdat de omgeving dat vereiste. Later had ze op zondag wel vaak hoofdpijn."

Bioloog of arts wilde ze worden, precies wist ze het niet: "Ik heb veel belangstelling voor de natuur en voor natuurkunde." Ze had een goede eindlijst, er stond geen enkele onvoldoende op: "In mijn beroepskeuzetest stond dat Tineke een 'aardig meisje' is. 'Wat ze wil, kan ze worden, want ze heeft een brede belangstelling.' Dat klopt. Ik houd niet van dat smalle. Ik vind het prettig om met allerlei dingen bezig te zijn."

Tegenwoordig is zij een 'ietsist': "Er moet iets zijn wat alles ontworpen heeft. Ik kan er geen beeld van maken. Er is steeds meer heelal. Natuurkundigen vinden almaar nieuwe zwarte gaten. Wat zit daarachter? Een hogere macht?" Ze erkent dat de stand van de maan ertoe doet: "De maan veroorzaakt eb en vloed. Deze krachten kun je verklaren. Het is als bij een ziekte. Je hebt een symptoom en dat ga je bestrijden maar wat is de oorzaak van het symptoom?"

Braaf meisje

Haar grootvader van vaderskant werkte in de verkoop bij Bischoff, een meubel- en kledingzaak. Haar eigen vader was boekhouder bij de Spar, een internationale inkoopcombinatie: "Een rustige man. Bij hem ging alles altijd zijn gangetje." Daarna deed hij de inkoop van vruchtenconserven en visconserven: "Wij kregen dan van die blikken fruitcocktail. Die moesten we testen op verjaardagen." Haar andere grootvader was eerst banketbakker in de Jordaan en later werkzaam bij de koekjesfabriek van Verkade in de Zaanstreek.

Zelf doorstond zij zonder kleerscheuren de culturele stormen van de jaren zestig en zeventig: "Ik was een braaf meisje, een beetje zoals het hoort. Ik ging niet uit mijn dak. We hadden wel altijd vriendjes en vriendinnetjes te eten. En iedereen mocht blijven slapen. Mijn moeder was iemand van: 'Hoe meer zielen, hoe meer vreugd.' Alles kon. Met zijn allen naar het strand. Veel fuiven in de garage, met een visnet aan het plafond. Een drankje erbij, soms een emmer sangria. Voor mijn eindexamen mocht ik met de Puch van mijn moeder naar school. Dat was stoer. Helaas is zij al op haar zestigste gaan dementeren."

Toen haar vader op 78-jarige leeftijd stierf, wilde hij dat het snel voorbij was: "Hij had hoge koorts. Een longontsteking. Hij was delirant, maar af en toe nog heel helder. Er werd gezegd dat hij naar de intensive care moest. Misschien had zijn leven gerekt kunnen worden. Maar dat wilde hij niet. Tegen mijn broers en mij zei hij: 'Niets ten nadele van jullie, maar ik leef niet voor jullie. Je moeder is dood. Ik vind het goed. Ik heb een mooi leven gehad'."

Nee, er bestaat geen leven na de dood: "Als ik dood ben, ben ik dood. Mijn dochter vindt dat te absoluut. Voor haar zijn opa en oma niet dood, zolang er mensen leven die ze gekend hebben. Ik vind dat een charmante benadering."

Lichamelijk ongemak is niet aan haar voorbijgegaan. Ze onderging een herniaoperatie en sinds haar vijftigste jaar mist zij het zicht in haar rechteroog, verloren door vuurwerkletsel. Er zit geen lens meer in en het netvlies is beschadigd. Alleen de grote donkere pupil verraadt haar mankement. Ze doet er niet moeilijk over: "Ik stond met een glas champagne in de hand bij de buren toen er iets uit de lucht kwam zeilen."

■

Op de fiets

Ze heeft geen auto van de zaak en ook geen eigen chauffeur. Ze reist tweedeklas met de trein en slechts een doodenkele keer eersteklas, 'omdat je dan rustiger kunt werken'. Als ze bezoek heeft, wil de secretaresse graag koffie halen, maar anders doet Tineke Hirschler-Schulte het zelf. Want zij wil een voorbeeld zijn. Ook daarom komt ze met de fiets naar haar werk: "Iedereen die verder weg woont dan tien kilometer mag hier vrij parkeren. Alle andere personeelsleden die met de auto komen, betalen 4 euro per dag. Daar wordt wel eens over gemopperd. Ik woon op 4,5 kilometer afstand. Ik fiets altijd, regen of niet. Iedereen kan het zien als ik met de regenjas en rubberen stiefels aan de fietsgarage binnenkom."

Bestuurlijke samenwerking

Het Deventer Ziekenhuis, zegt zij terloops, kreeg ze 'in de schoot geworpen'. De ultramoderne laagbouw midden in het groen was bijna klaar. Het concept was ontwikkeld, waarbij de acute zorg, de electieve zorg, de chronische zorg en de hoogcomplexe zorg van elkaar gescheiden waren: "Het aardige van Deventer is de overzichtelijke schaal. We doen het met elkaar. Het personeel bekommert zich om de patiënten en probeert nog even iets extra voor hen te doen. Dat kan ook doordat ze de collega's van de andere poli's kennen."

Ja, de lijnen zijn er kort: "Geweldig." Maar de kleinschaligheid heeft ook nadelen, geeft zij toe: "Ik weet niet of deze schaalgrootte voor ziekenhuizen is vol te houden. Het wordt steeds moeilijker om dure apparatuur aan te schaffen. De wetenschappelijke verenigingen en de Inspectie voor de Gezondheidszorg stellen hogere eisen aan de specialisten. Wie te weinig zware operaties per jaar verricht, mag dat niet meer doen."

"Wij hebben hier 2,5 vaatchirurgen. Vlakbij, in Zutphen, zit er een en ook Apeldoorn heeft er enkele. Wat krijg je? Regionale samenwerking. Sinds 1 januari 2010 doen de vaatchirurgen op deze drie locaties met elkaar dienst." Met de slokdarmchirurgen gaat het dezelfde kant op. De volgende stap is bestuurlijke samenwerking.

Ze denkt veel na over de toekomst van haar ziekenhuis. Ze spreekt er met de andere bestuurders in de omgeving over. Als Hirschler-Schulte de nieuwe zorgkaart van Nederland mag ontwerpen, en haar gezicht klaart op, wordt alle hoogcomplexe zorg geconcentreerd in enkele tientallen centra. Ergens tussen Apeldoorn, Zutphen en Deventer komt dan hét hoogcomplexe centrum van de regio te staan met de beste IC-voorzieningen en de Spoedeisende Hulp.

Het alternatief is dat een van de bestaande ziekenhuizen wordt omgevormd tot dat ene hoogcomplexe centrum. Of dit Deventer wordt? Hirschler-Schulte, met een serene glimlach: "Onder druk wordt alles vloeibaar. Dat is oude natuurkunde."

H.13

Flexibel ziekenhuis

In 2008 is de nieuwbouw van het Deventer Ziekenhuis geopend (kosten: 130 miljoen euro, omzet dat jaar: 136 miljoen euro). Een maximaal flexibel ziekenhuis met 390 bedden, twee per duizend inwoners, 19.500 opnames en een van de kortste opnameduren (4,9 dagen). Laagbouw aan de rand van de stad, de poli's liggen op de begane grond, de drukst bezochte naast de ingang: oogheelkunde. Alle patiëntendossiers zijn gedigitaliseerd. Geen papieren archief, maar een draadloos netwerk met 2.400 computerwerkplekken voor 2.065 personeelsleden. Hirschler-Schulte: "*Computers on wheels*. Prachtig. Je bent de gegevens nooit kwijt, iedereen kan erbij, ze zijn meteen te lezen. Maar het duurt langer. De verpleegkundigen moeten per patiënt opnieuw opstarten. Dus schrijven ze de bloeddruk eerst op en pas later voeren ze hem in."

Weerstand

Ze weet wat weerstand is. En nee, de lichtheid van het bestaan is zeker niet in het oosten van Nederland uitgevonden. In dat opzicht voelt zij zich nog steeds een Noord-Hollandse: "Noord-Hollanders nemen geen blad voor hun mond. Dat spontane bevalt me. Ik ben direct. Ik heb snel een mening. Ik zeg meteen wat ik vind. Daar moeten sommige mensen aan wennen. En dan houden ze zich in. Jammer, want ik houd van tegenspraak. Gelukkig nemen mijn medewerkers alle ruimte."

Wat er belangrijk is in het leven? "Eerlijkheid. Geen spatjes. Ik hang niet zo aan status. Ik heb een positie waarin je met een zekere macht bent bekleed. Vanuit die machtspositie kun je dingen doen. Je mag niet alleen maar je zin doordrukken, omdat jij de directeur bent. Mensen zijn volstrekt gelijkwaardig."

Eerder verschenen in Skipr 02/03-2010

Paul Smits: 'Als je iets ziet wat niet klopt, moet je ingrijpen'

Hij deed destijds aangifte tegen Lucia de B. En staat nog steeds achter zijn besluit. 'Ik heb gedaan wat ik moest doen.'

Paul Smits (1956) werd in 1997 directeur van het Haagse Juliana Kinderziekenhuis/Rode Kruis Ziekenhuis, dat hij met het Leyenburg fuseerde tot HagaZiekenhuis. Toen was hij al verwikkeld geraakt in de affaire Lucia de B, een verpleegster die patiënten mogelijkerwijs onvrijwillig aan hun einde had geholpen. Hij besloot aangifte te doen, nadat hij door medewerkers op de zaak was geattendeerd: "Ik vond de zaak te ernstig om zelf te blijven voortmodderen."

De B. werd veroordeeld voor zeven moorden en drie pogingen tot moord; in 2008 kwam ze vrij. Haar berechting mondde uit in een langdurig mediacircus. In maart 2010 kreeg de zaak een vervolg. Doordat de Hoge Raad de zaak Lucia de B had terugverwezen naar het Hof van Arnhem, werd deze daar opnieuw behandeld en werd Lucia de B vrijgesproken.

Smits draagt deze zaak niet met zich mee: "Ik ga niet over de schuldvraag van Lucia de B. Daar gaat de rechter over. Ik ben ziekenhuisdirecteur. Ik heb gedaan wat ik toen moest doen. Voor mij is de zaak gesloten." Of hij hierdoor veranderd is? "Ik ben harder, wijzer en directer geworden. Ik heb geleerd ergens voor te staan en dat terug te zien."

Nog steeds staat hij achter zijn besluit: "Ik zou het zo weer doen. Sterker nog, in het ziekenhuis waar ik nu werk, ben ik net zo te werk gegaan toen een verpleegkundige een fout had gemaakt. Ik heb ook deze keer aangifte gedaan. De vrouw is veroordeeld. Ze had tijdens een bezoekuur een patiënt doodgespoten door een middel dat ze via de neussonde moest inbrengen intraveneus toe te dienen. Er was een heel traject aan voorafgegaan.

Paul Smits: 'Helaas waait er in de zorg slechts een slap windje'

Haar was al drie keer eerder gezegd dat ze haar medicijnen moest laten controleren. Als je iets ziet gebeuren waarvan je denkt dat het echt niet klopt, dan moet je ingrijpen."

■

Witte jas

Paulus Maria Leonardus Smits is op 20 november 1956 geboren in Eindhoven. Hij studeert medicijnen in Groningen. Eén jaar lang is hij arts-assistent neurologie in het Amsterdamse Slotervaartziekenhuis, "Iemand met een witte jas aan." Daarna switcht hij naar het bedrijfsleven: Organon International. De smaak van het leidinggeven krijgt hij te pakken als voorzitter van een Groningse voetbalclub. Daarom betaalt hij uit eigen zak 80.000 gulden voor een MBA-opleiding aan de universiteiten van Rotterdam en Rochester, VS, waar hij drie maanden met zijn hele gezin verblijft. Hij stapt over naar het Ministerie van Volksgezondheid, wordt beleidsmedewerker in Alkmaar en op zijn zesendertigste is hij directeur van het Zutphense ziekenhuis Het Spitaal: "Daar heb ik geleerd wat management betekent."

DAF-familie

Paul Smits is algemeen directeur van het Maasstad Ziekenhuis in Rotterdam, het vroegere Medisch Centrum Rijnmond-Zuid. Maar zijn wieg stond in Eindhoven, in het Witte Dorp, aan de kant van Geldrop. Hij komt uit een DAF-familie. Zijn vader was de financiële man van dit Nederlandse autoconcern. Later werd hij algemeen directeur van DAF in het Limburgse Born: "Hij heeft die fabriek gesticht. We woonden er vlakbij. Ik ging vaak met hem mee. Even kijken, ook in het weekend." Zijn vader werkte hard en hij was vaak weg: "Een erg lieve, maar ook gedreven man. Hij heeft nooit met zijn ellebogen gewerkt."

Toen Smits veertien jaar oud was, stierf zijn vader. Zijn moeder bleef alleen achter met vijf kinderen. Drie dochters, Paul en zijn vijf jaar jongere broer: "Mijn vader leed aan een niertumor. Het is heel snel gegaan. Drie maanden." De arts in hem legt het klinisch uit: "Zo'n tumor kan heel groot worden zonder dat je er veel last van hebt. Dan kom je er te laat achter. Bovendien is deze slecht te behandelen."

Van zijn eerste Eindhovense jaren herinnert hij zich weinig, alleen de kleuterschool, daarna ging hij naar de Pius X school. Hij kan er zo naartoe rijden. In Sittard zat hij op het Bisschoppelijk College. Daar heerste al geen typisch Roomse sfeer meer, maar ook hier was de cultuur standengevoelig. Smits was de directeurszoon. De vaders van zijn klasgenoten waren arbeiders bij DAF: "Als ik bij de volle slagerij binnenliep, moest iedereen wachten, want dan werd onze bestelling afgeleverd. Dat klopte niet, vond ik."

Praktisch mens

Hooggestemde idealen zijn hem vreemd, Smits is een praktisch mens met een passie voor bouwen. Onderweg stopt hij wel eens om de structuur van een brug grondig te bestuderen. Maar gedreven wordt hij door wat hij dagelijks in zijn werk doet: "Ik zorg ervoor dat patiënten in mijn ziekenhuis goed worden behandeld. Ik accepteer de buitenwereld zoals hij is. Dat is het adagium in het ziekenhuis waar ik werk." Zijn eigen waardenpatroon omschrijft hij als "alle afspraken die we met elkaar hebben gemaakt zodat het niet misloopt in de maatschappij. Om dat doel te bereiken, hebben we allerlei economische en juridische regels bedacht waar we met zijn allen beter van worden. Amerikanen noemen dat *the society at large is better of.*"

Ja, hij is een marktadept: "Ik geniet van concurrentie, marktwerking en transparantie. Dat levert ons meer omzet en inkomsten op." Ook daarom richtte hij samen met zorgondernemer Loek Winter en de radiologen van het Maasstad Ziekenhuis in Rotterdam een diagnostisch centrum op. Inderdaad, hij wil dat zijn ziekenhuis een *for profit* instelling wordt. Maar de Tweede Kamer aarzelt. Smits gebruikt het beeld van de wedstrijdzeiler die enthousiaster is naarmate de koers scherper wordt: "Als het flink waait, wordt er harder gevaren." Helaas waait er in de zorg slechts een slap windje: "Het kan allemaal sneller en intensiever. Dan moeten er grote stappen worden gezet. Den Haag is nog niet zover."

Goed en kwaad

Na het overlijden van haar man verhuist Paul Smits' moeder met haar gezin van Sittard naar Eindhoven. Hij bezoekt er de laatste twee klassen van het Augustinianum, een katholieke school, geleid door 'wereldheren', geen echte paters. Nee, hij heeft niets meer met het geloof van zijn jeugd; sinds zijn vijftiende blijft hij weg uit de kerk: "Ik ben atheïst. Ik heb geprobeerd me uit de rooms-katholieke kerk te laten uitschrijven. Maar dat kan niet." Een schampere lach. "Je kunt niet bellen en zeggen dat je lid af wilt worden. Je komt er eerder achter wat het verschil is tussen goed en kwaad door na te denken dan door te geloven. Ik kies ervoor zelf verantwoordelijk te zijn."

Klaagcultuur

Staccato: "De Nederlandse klaagcultuur bevalt mij niet. Veel mensen roepen ach en wee. Ze komen pas in beweging als alles geregeld is. Wij doen dat anders. Wij klagen niet. We wachten niet op Den Haag. Als de politiek rechtsom wil, dan kunnen we dat aan. Willen de dames en heren linksom, ook goed. Maar wij stellen de klant allang centraal. En daar zijn we goed in."

Paul Smits stelt hoge eisen aan zichzelf en zijn medewerkers: "Ik vind het gemiddelde niet goed genoeg. Wat mij betreft, gaat iedereen in de zorg voor een tien." Hij proest het uit. Nee, als jongere was hij bepaald geen uitslover, eerder lui, teruggetrokken, braaf en stil. "Ik deed mijn eigen dingen." Zijn eindexamen atheneum haalde hij met de hakken over de sloot: allemaal afgeronde zessen en één vijf. Geen stickies, geen lang haar: "Ik moet ontzettend hoesten als ik rook. Dat is erg gemakkelijk." Later, toen hij heel gemotiveerd een MBA-opleiding deed, was hij een van de besten.

Hij noemt zichzelf geen sportman. Hij heeft een jaar fanatiek ijshockey gespeeld. Aan het einde van het seizoen werd hij van de baan geslagen. "Ik kreeg een stick tussen mijn ogen. Er zat een grote barst. Ik was een paar tellen bewusteloos." Skiën, daar is hij goed in. Hockey speelt hij al jaren, in Oegstgeest. Met hockey brak hij jaren geleden een enkel en daarna nog een middenvoetsbeentje. Beide keren werd hij naar volledige tevredenheid 'in eigen huis' geholpen.

Hartejongen

Hij deed één jaar tandheelkunde in Groningen, daarna switchte hij naar medicijnen. Hij werd 'hartejongen', assistent van de verpleegkundigen op de intensive care. Bij de hartoperaties was er een personeelstekort; een hoogleraar zorgde ervoor dat enkele studenten 's avonds en 's nachts konden helpen op de operatiekamers en de intensive care: "Je leert mensen wassen en alles te doen wat een verpleegkundige doet. Je komt in een ritme."
Overdag studeerde hij. Hij wilde neuroloog worden. Zijn coschappen liep hij in Enschede, ook bij de onlangs in opspraak geraakte neuroloog Jansen Steur: "In 1983 een heel normale man. Hij heeft me veel geleerd. Neurologie is een technisch en analytisch vak. Als je weet hoe de draden lopen, dan is het leuk om uit te zoeken wat er met de patiënt aan de hand is."

■

Stroomlijnen

Het Maasstad Ziekenhuis is een van de grootste ziekenhuizen van Nederland. Het ontstond uit een fusie tussen het Clara Ziekenhuis en het Zuiderziekenhuis. Het was bijna failliet toen Smits er in 2004 bestuursvoorzitter werd. Het verlies bedroeg 14 miljoen euro. Er moest zeven procent worden bezuinigd. Hij saneerde en stroomlijnde: "Ik kan nu de exacte marge berekenen van de eerstvolgende patiënt die in een bed komt te liggen." In 2008 bedroeg de 'winst' 3,8 miljoen euro op een omzet van 222 miljoen. In 2011 is de nieuwbouw klaar. Kosten: 300 miljoen euro, inclusief apparatuur. Het Maasstad heeft dan 625 bedden en 3.200 personeelsleden. Pal naast het ziekenhuis verrijzen een zorgverzamelgebouw en winkels. Over het belang van zijn instelling: "Wij hebben een prima intensive care, level III. Daar leggen we op toe. Maar we hebben ook een rol in de regio, dus komen zwaardere patiënten uit het zuidwesten hiernaartoe. Onze intensivisten werken in het Ruwaard van Putten in Spijkenisse en het Ziekenhuis Dirksland. Mijn medisch hoofd is ook daar medisch hoofd."

Kleine wereld

Hij wil niet bekend staan als een *tough cookie*, maar ook medisch specialisten ontziet hij niet; hij heeft veel specialisten 'geholpen' elders emplooi te vinden. "Toen ik in 2004 in Rotterdam begon, heb ik binnen een jaar meerdere specialisten ontslagen, omdat ze de ontwikkeling van het ziekenhuis tegenhielden. Iedereen vertrok met een regeling." Hoe komt hij aan de juiste informatie? "Een personeelslid dat zijn raad van bestuur tien keer op een falende collega attendeert en steeds op dovemansoren stuit, die houdt de elfde keer zijn mond. Maar als het personeel ziet dat de directeur optreedt, dan krijg je dingen te horen waar je veel aan hebt."

De aanzwellende stormen van negatieve publiciteit zijn hem bekend. In 2009 moest hij opnieuw optreden, nadat bijna achthonderd patiënten werden teruggeroepen vanwege een 'vuile' endoscoop. Niet elke bestuurder durft dan hard in te grijpen: "Veel bestuurders hebben geen steun van hun raad van toezicht. Ik wel. Het is een kleine wereld. Je komt elkaar tegen op het hockeyveld. Een lid van de raad van toezicht is misschien bang dat hij straks in zijn eigen ziekenhuis niet wordt geholpen. Hij wil dus liever rust. Dat willen veel bestuurders ook. Zij gedragen zich als een ouderwets soort burgemeester. Ze gaan in een grote kamer zitten, ze spelen de baas zonder zelf veel te doen. En ze gaan ervan uit dat er van alles gebeurt, omdat zij het zeggen. Dat is de verkeerde benadering."

Luie stoel

Zelf deelt hij een kamer met drie directeuren in het Spartaans aandoende onderkomen van de vestiging Zuider: "Leidinggeven doe je niet vanuit je luie stoel. Je stopt er je energie in, je denkt mee met je verpleegkundigen, je zit rond de tafel, je durft te delegeren en je luistert goed. Mijn raad van toezicht is heel scherp. Ik word uitgedaagd, maar volledig gesteund. Ja, ik ben een ander mens geworden sinds ik hier werk. Hier heb ik geleerd zelf te sturen op wat ik wil."

Wat hij nog wil bereiken? Smits: "Ik wil dat patiënten echt goed geholpen worden. Mensen moeten geen uur in de wachtkamer hoeven rondhangen." Dankzij het softwareprogramma dat onlangs in gebruik is genomen, kan hij in detail de stand van zaken op elke afdeling zien. Elke patiënt die op de spoedeisende hulp belandt, moet in principe binnen drie uur weg zijn. Als iemand te lang blijft, ziet Smits een zwart kleursignaal op het scherm: "Ik stuur wel eens een mailtje: 'Moet ik komen helpen?' Dan weet iedereen dat het menens is."

Eerder verschenen in Skipr 04-2010

Greet Prins: 'Klantdenken zit in mijn genen'

Als een van de weinige topbestuurders in de care is Greet Prins niet afkomstig uit de zorgsector. Ze laat bij Philadelphia Zorg een frisse wind waaien. Als je veel vragen stelt, leer je snel.'

Greet Prins-Modderaar (1954) komt van buiten. Als spreekwoordelijke vreemde eend in de bijt is zij geen kind van de zorg. Gedurende 25 jaar werkte zij in de marketing- en reclamewereld, onder meer als bestuursvoorzitter van Saatchi & Saatchi. Zij weet wat concurrentie, doelmatigheid en een optimale service betekenen en hoe een zwakke organisatie wordt 'gekanteld'. Als directeur vernieuwing bij uitkeringsinstantie UWV reorganiseerde zij de bedrijfsvoering en introduceerde ze klantgerichte dienstverlening: "Het klantdenken zit in mijn genen. Dat is er ingepompt in de communicatiesector."

Sinds eind 2009 is Prins voorzitter van de raad van bestuur van Philadelphia. Een christelijk geïnspireerde zorginstelling voor mensen met een verstandelijke beperking, met 8.000 cliënten en 8.200 personeelsleden verdeeld over 800 locaties. Ze maakt er schoon schip. Heeft zij wel voldoende ervaring en feeling om een zorginstelling te leiden die niet slechts financieel gezien langs de afgrond scheerde en weer op eigen benen moet staan nadat de organisatie uit de samenwerking met Espria stapte? Prins: "Het klopt dat ik geen ervaring in de zorg heb. Maar ik kan meerwaarde leveren. Ik weet wat er nodig is om Philadelphia stevig op eigen benen te laten staan, zodat de medewerkers trots kunnen zijn op wat er gebeurt."

Haar enthousiasme werkt aanstekelijk. Ze oogt zelfbewust, stevig en kordaat, al blijft er ruimte voor onuitgesproken tegenslag en twijfel. Werelds: ze lacht uitbundig. Een creatieve

H.15

Greet Prins: 'In 2012 moeten onze cliënten tevreden zijn'

geest, gepassioneerd en vorsend. Empathie en verstand vormen
bij haar een eenheid. Een doelgerichte bestuurder, dat ook, die
duidelijke taal niet schuwt. Maar eerst moeten er inzicht en
overzicht zijn. Luisteren, informeren, oordelen. Dan pas besluiten, leidinggeven, handelen en desnoods personeel boventallig
verklaren. Dat is bij haar de volgorde: "Als je veel vragen stelt,
en mensen vertellen je wat ze weten, dan leer je snel."

■

Avondstudies

Greet Prins-Modderaar is op 5 januari 1954 in Appingedam geboren. De
oudste van drie kinderen; haar vader is gereformeerd predikant. Op
haar tweede verhuist ze naar Rotterdam. Lagere school in Voorscho-
ten, gymnasium in Leiden en Gouda. Ze wordt directiesecretaresse bij
sigarettenfabriek Ed. Laurens in Den Haag. Commercie en marketing
boeien haar. Ze volgt veel avondstudies en wordt (junior)account
manager bij reclamebureau Nijgh Campbell Ewald in Amsterdam. In
1981 wordt ze gevraagd door PPGH/JWT; ze eindigt er als adjunct-
directeur. Van 1992 tot 1998 is ze voorzitter van de raad van bestuur bij
Saatchi & Saatchi. Ze richt haar eigen bureau op, Prins Walvisch Communicatie Concepten, wordt interim-manager, directeur cliënten-
service en communicatie en tot 2008 directeur vernieuwing bij
uitkeringsinstantie UWV. Sinds 1 april 2009 werkt ze bij Stichting
Philadelphia Zorg en na de verzelfstandiging, eind 2009, wordt zij er
bestuursvoorzitter.

Glazen huis

Bij haar thuis draaide veel om de kerk: "Mijn vader was met hart
en ziel predikant. Mijn moeder vulde mijn vader aan in zijn
werk, onbetaald." Haar moeder leeft nog. Ze is 83, gezond, zelfstandig, actief en ze rijdt auto: "Zij zorgde voor de basis." Geen
isolement. De buitenwereld kwam binnen, de deur stond voor
iedereen open, zelfs voor een argwanende overbuurman. Haar
vader was een vrolijke, opgeruimde en toegewijde man. Kaal,
heel groot, stevige bril: "Een harde werker. Niet dogmatisch.

Een voorbeeld. Hij had een heel groot geloof en hij geloofde er absoluut in dat hij tot zijn ambt geroepen was. We hebben ook veel met hem gelachen."

Zij lazen vaak in de Bijbel, haar vader bad voor. Er werd gediscussieerd over het geloof en over de politiek: "Ik heb er leren argumenteren." Ze leefden wel in een glazen huis, want binnen de kerkelijke gemeenschap heerste er een sterke sociale controle: "Als mijn broertje en ik ongeduldig in de kerkbanken zaten te rotzooien, kreeg mijn vader dat de volgende dag op zijn brood: 'Je moet beter op je kinderen letten.' Ze zagen altijd alles. 'Let op wat de ander vindt.' Dat kregen wij keer op keer te horen."

Toen het gezin naar Waddinxveen verhuisde, werd haar moeder 'heel bescheiden, op dorpsniveau' actief in de gemeentepolitiek namens de Anti-Revolutionaire Partij die later opging in het CDA. Prins: "Er waren 's avonds bij ons thuis bijeenkomsten van de AR. Tot elf uur mocht ik daar niet bij zijn, dus ging ik eerst huiswerk maken. Maar als de borrel werd geschonken, kon ik aanschuiven." Zelf werd ze lid en voorzitter van de plaatselijke Gereformeerde Jeugdvereniging, de GJV: "Ik durf wel. Ik neem snel het initiatief, ik doe dingen en kan makkelijk een onderbouwde mening geven."

Innerlijk kompas

ARP'ers, zegt zij, vonden hard werken normaal en hun eigen mening relevant: "Daar stonden ze voor." Geldt dat ook voor haar? "Ik houd van hard werken." En ja, zij is nog steeds gelovig. Sterker: haar inspiratie, vertelt zij onomwonden, put ze uit een rotsvast vertrouwen in God: "Mijn geloof is mijn inspiratiebron, mijn drijfveer en mijn gids." In de Bijbelteksten krijgt zij antwoord op de vraag hoe ze in het leven wil staan, hoe ze omgaat met situaties en met mensen, en waar ze op moet letten. Ze heeft een sterk innerlijk kompas: "Het gaat niet elke dag goed maar mijn geloof zorgt ervoor dat ik steeds weer nieuwe energie krijg." Haar geloof als gids betekent: "Wat kan ik wel en niet doen? Goed en kwaad. Respect voor mensen. Dat heb ik van mijn vader geleerd. Je moet je er elke dag van bewust zijn dat de wereld meer is dan het hier en nu. Dat je een taak hebt. Een opdracht." Wat haar opdracht is? "Waarde toevoegen." Hoe dan? "Mijn toegevoegde waarde is dat ik mijn kennis en mijn kunde optimaal inzet."

Wat God voor haar betekent? Voor het eerst valt er een denkpauze: "God is zo veel tegelijk. De onzichtbare. Jezus Christus die samen met ons mensen leefde om deze wereld met ons te delen en aan het kruis voluit door de menselijke diepte is heengegaan. En juist zo ons mensen met het licht van de Opstanding heeft verbonden. Jezus leert je te incasseren en terug te komen. De dialoog. Maar hij genoot wel van het leven. Hij dronk wijn. Ik ook. God heeft je de opdracht gegeven om van het leven te genieten. Hij zegt: 'Heb je naaste lief als jezelf.' Dat betekent geven en nemen. Je moet jezelf opladen om te zorgen dat je kunt geven."

Of zij wel eens vloekt? "Ik snap goed dat iemand een kreet uitstoot wanneer er een kast op zijn voet valt. Ik probeer het te voorkomen. Het past niet bij mijn positie. Bij de Bijbel hoort fatsoen. Als ik echt boos ben, dan spuwen mijn ogen vuur. Vloeken met mijn ogen, noemen anderen dat wel eens."

Haar eerste herinneringen? "Rotterdam. Met elkaar pinda's pellen, op een krant voor de haard. 's Nachts mee in de sneeuw om iemand naar huis te brengen. In de bus naar de stad met onze hulp, een meisje voor alledag, en haar verloofde. Met sinterklaas en kerst etalages kijken." De wortels van haar familie liggen in het noorden. Het degelijke van de Groningers zit in haar, al beschouwt ze zichzelf eerder als Nederlandse. Haar grootvader van vaderskant was handelaar in koloniale waren, in de stad Groningen. Hij overleed in de Tweede Wereldoorlog, ze heeft hem niet gekend.

Haar opa van moederskant richtte de eerste busdienst in de provincie op. De Marne, van Zoutkamp naar Groningen. Prins: "Hij kwam uit een boerenfamilie met twaalf kinderen. Op de boerderij was er niet voor iedereen plek. Een paar broers emigreerden naar Amerika. Hij mocht niet van zijn ouders. Een van zijn broers schreef hem: 'Er rijden hier allemaal bussen. Is dat niks voor jou?' Zijn vader weigerde hem geld te lenen. Zijn aanstaande schoonvader deed dat wel, op voorwaarde dat zijn eigen zoon ook in de busonderneming kwam."

■

Pim Fortuyn

Ze interviewde Pim Fortuyn voor de Tweede Kamerverkiezingen van 2002. De IKON-tv vroeg haar politieke leiders te ondervragen. Greet Prins: "Ach, je wordt gevraagd, en denkt: laat ik dat ook eens proberen." Haar mede-interviewers waren de journalisten Pieter Hilhorst (columnist de Volkskrant) en Mark Kranenburg (NRC Handelsblad): "Fortuyn was een acteur: absoluut arrogant maar ook gewoon aardig. Hij had die twee hondjes meegenomen. Hij wist precies wat hij zei. Soms was hij mijn collega's bewust aan het treiteren." Of zij het weer zou doen? "Dit is niet mijn ding. Ik had geen enkele ervaring. Ik ben meer van de antwoorden dan van de vraagstelling. Ik heb ook gemerkt dat het bij televisie belangrijker is om zelf te scoren dan iemand aan het woord te laten en de ruimte te geven."

Vrije wil

Zelf was zij nooit serieus ziek, ze klopt het af. Maar het verlies van anderen heeft littekens achtergelaten. Toen zij achttien was, overleed haar grootvader. Haar eigen vader stierf in een verpleeghuis, na een lange ziekte: "Dementie is een afschuwelijke, langzame manier van sterven. Je raakt iemand kwijt voordat hij sterft." Ook de recentere dood van haar schoonouders heeft haar geraakt.

Het initiatief van bekende Nederlanders als Hedy d'Ancona (PvdA) en Frits Bolkestein (VVD) volgt ze belangstellend. Samen met anderen pleiten zij voor het zelfgekozen levenseinde van 70-plussers. Prins heeft er begrip voor dat mensen die heel ziek zijn, niet meer verder willen: "Ik keur het niet automatisch goed. Het is me een stap te ver maar ik begrijp het wel."

In de discussie klinkt het laatmiddeleeuwse debat door tussen Erasmus van Rotterdam en de kerkhervormer Martin Luther over het verschil tussen de vrije wil en Gods genade. Prins: "Dat is waar. Maar er speelt nog iets anders: de verantwoordelijkheid voor jezelf en de ander. Je kunt er makkelijk over praten, maar wat doe je als het moment daar is?" Ze betwijfelt of haar vader had gewild dat zij voor hem had beslist wanneer zijn tijd gekomen was: "Hij vond het altijd het ergste als hij dement zou worden. Tijdens zijn ziekte heeft hij er maar twee keer tegen mij iets over gezegd. 'Dit is zoals het is. Dit hoort bij het leven. Hier moet ik doorheen.' Zo dacht hij."

■

Meer energie

Philadelphia Zorg (omzet 2008: 334 miljoen euro) is er voor gehandicapte medemensen. In 2008 dreigde er van alles mis te gaan. Het tekort liep op naar achttien miljoen euro. Ook de kwaliteit van zorg kwam onder druk te staan. Nu gaat het de goede kant op. Philadelphia heeft zich losgemaakt van het samenwerkingsverband met Espria. Het bestuur is vernieuwd. Begin 2010 hief de Inspectie voor de Gezondheidszorg het verscherpte toezicht op voor de vestiging Brummen. Prins: "Er zit veel meer energie in de organisatie, al zijn we er nog niet. De kwaliteit van zorg hoort overal op niveau te zijn. De medezeggenschap van onze cliënten en hun ouders dient te verbeteren. En we moeten scherp op de kosten blijven letten. Waar nodig hanteren we opnieuw de kaasschaaf. Daar is voor mijn aantreden mee begonnen. Wij hebben alleen nog locatiemanagers, regiodirecteuren en de raad van bestuur. Het overige management is ertussenuit gehaald."

Piketpaaltjes

Dat er bij Philadelphia een positieve sfeer ontstaat, noemt zij 'top'. "We hebben het weer over de dingen die ertoe doen. De kwaliteit van zorg. Wat is de juiste dienstverlening voor welk type patiënt? Hoe komen we tegemoet aan de wensen van hun ouders? Waar lopen we tegenop? De gesprekken in de participatieraad gaan niet meer alleen over geld maar over wilsbekwaamheid en wilsonbekwaamheid. Hoe staan we tegenover relaties en seksualiteit? We slaan piketpaaltjes en noemen de dingen bij hun naam. Pure winst."

Wat ze wil bereiken? "Ledigheid is des duivels oorkussen. Zo kijk ik er tegenaan. In 2012 moeten onze cliënten tevreden zijn, zo gelukkig als dat kan, recht hebben op hun eigen leven met alle ups and downs. Lekker wonen in bijvoorbeeld hun eigen appartement, werken en dagbesteding kunnen benutten.

H.15

Dagbesteding is voor onze cliënten gewoon werk. Laat ze maar moe thuis komen. En dan 's avonds naar het koor met hun vrienden uit het tehuis."

Eerder verschenen in Skipr 05-2010

Jos Poelmann: 'We laten niemand bungelen'

Jos Poelmann komt op voor tbs'ers: ontspoorde mensen die ter beschikking zijn gesteld:

'In onze poliklinieken zijn het praatje en het pilletje belangrijk om recidives te voorkomen.'

Keer op keer springt Jos Poelmann (1949) in de bres voor tbs'ers die met verlof in de maatschappij terugkeren. Want Poelmann kent de feiten. Wie ter beschikking is gesteld hoeft tijdens een verlof of na een behandeling niet per se opnieuw in de fout te gaan: "De kans dat een zware delinquent na behandeling in een tbs-kliniek in herhaling valt, is achttien procent. De kans dat een gedetineerde zonder behandeling na een gevangenisstraf recidiveert, is ongeveer zeventig procent."

"Tbs is een maatregel, geen straf. De straf is de vergelding. Dat gebeurt in de gevangenis. De maatregel vindt plaats in de zorg. Wij vinden dat we niemand mogen laten bungelen. Behalve een handjevol levenslang gestraften komt iedereen terug in de maatschappij. Doe je daar niets aan, dan kun je er de klok op gelijk zetten dat de meesten opnieuw in de fout gaan."

Als wij hem spreken is Poelmann bestuursvoorzitter van de Pompestichting in Nijmegen. Daar worden gedetineerden met tbs behandeld en begeleid. Recentelijk verlaagde de instelling het aantal bedden van 350 naar 300. Poelmann: "Kennelijk worden er minder vaak ernstige misdrijven gepleegd. En rechters leggen minder vaak tbs op. Ze vinden dat zo'n behandeling tegenwoordig te lang duurt." Bovendien raden advocaten hun cliënten sinds kort aan zich niet psychologisch te laten testen, zodat ze geen tbs opgelegd krijgen.

Jos Poelmann: 'Grootschaligheid is goed voor onze cliënten'

Iets met mensen

Jos Poelmann is op 12 april 1949 in Haarlem geboren. Hij groeit op in Heemstede. Daar doorloopt hij het katholieke gymnasium en de laatste twee jaar van de protestantse hbs-a. Zijn vader hoopt dat hij het zakenleven ingaat maar zelf wil hij 'iets met mensen doen'. Hij kiest voor de relatief nieuwe tak van sociale wetenschappen aan de Vrije Universiteit in Amsterdam. Hij specialiseert zich tot kinder- en jeugdpsychotherapeut en studeert later enkele jaren rechten. In 1987 stapt hij over naar een instelling voor sterk gedragsgestoorde licht verstandelijk gehandicapte jongeren (De Beele). In 1994 wordt Poelmann algemeen directeur van de Pompekliniek, daarna bestuurder van de Pompestichting. Op 1 januari 2009 treedt hij toe tot de raad van bestuur van Pro Persona. Zomer 2010 stap hij alweer op: een fusie te veel.

Geziene gast

Hij is een geziene gast in de media. Maar hij oogst ook hoon, bijvoorbeeld van De Telegraaf die hem als soft wegzet: "De publieke opinie over tbs'ers is omgeslagen. De maatschappij verlangt meer veiligheid, ten nadele van de gedetineerden. Minder verlof en een langere behandelduur omdat dat minder risicovol zou zijn. In plaats van vier of vijf jaar duurt de tbs inmiddels acht, negen of twaalf jaar. Dat kost veel geld. Daardoor loopt het systeem vast."

Het tij moet keren, stelt Poelmann, en daarin ziet hij een uitdaging. De hedendaagse gedragstherapieën helpen vooral zedendelinquenten, personen met een ernstige seksuele afwijking, goed: "Veel mensen zijn te redigeren, soms met pillen, soms ambulant. In onze poliklinieken zijn het praatje en het pilletje belangrijke ingrediënten om recidives te voorkomen." De behandeling in de kliniek is hoog specialistisch en complex: "Het gaat om mensen met een handicap. De middelen die wij aanbieden, zijn een soort protheses, ook in de zin van protectie. Je geeft ze instrumenten mee, opdat zij zich beter kunnen handhaven in de samenleving zonder weer een delict te plegen."

Hij geeft een voorbeeld. Wie een zedendelict pleegt, doet dat volgens een vast patroon: "Het begint met veel alcohol drinken, porno lezen, enzovoorts. Er zit altijd een trappetje in. Mensen kunnen leren hoe dat trappetje eruitziet en de onderste trede meteen tot alarmfase benoemen. Wij zeggen ze: 'Zodra je aan de eerste trede begint, bel je onmiddellijk onze polikliniek. Wij helpen je dat je niet op trede twee en vier komt'. Dat werkt."

■

Nooit bang

Als gevangenisdirecteur paste hij dertig jaar geleden op Willem H., een van de ontvoerders van Freddy Heineken: "H. was een vlotte kerel. Alle andere gedetineerden keken hem naar de ogen. Hij was de baas. Ik heb vaak met hem gepraat. Handig en charmant als hij was, stond hij binnen het jaar achter de gedetineerdenbar. Daar werd natuurlijk geen sterke drank verkocht, maar koffie. Hij testte je, hij probeerde iets van je gedaan te krijgen. Een kopje koffie was nooit zomaar een kop koffie. Een praatje betekende dat je moest oppassen om iets weg te geven. Misschien ben ik wel eens wat soepeler geweest. Dan mocht hij een extra telefoontje plegen. En soms een extra keertje uit de cel. Of ik bang ben geweest? Nooit. Angst is een van de eigenschappen die ik nauwelijks heb."

Oorlogskind

Jos Poelmann kwam vlak na de Tweede Wereldoorlog in Haarlem ter wereld. Maar zijn oorsprong ligt in Indonesië, het vroegere Nederlands-Indië. Zijn moeder was hoogzwanger toen ze naar Nederland terugkeerde en van haar nakomertje beviel: "Ik was een oorlogskind. Ons gezin kwam beschadigd uit de oorlog. Mijn ouders hebben daar erg onder geleden. Ik moest het bindende en gezonde element vormen. Het cement."

"Ik ben een echte *totok*: een blanke. We woonden in Heemstede maar mijn jeugd was doordesemd met de verhalen van vroeger. Mijn ouders, broer en zus hadden het steeds over Indië, het paradijs op aarde. Ze hadden veel Indische vrienden, ook indo's. Die heetten in goed Indische traditie allemaal oom en tante." Zelf werd hij gekoesterd, als benjamin: "Dat heeft twee kanten. Het is leuk, zo veel aandacht. Maar het is ook een last. Want er zijn hoge verwachtingen. Er ligt een behoorlijke druk op je. Je moet de idealen en verwachtingen beantwoorden. Je moet het goed doen op school, succes hebben in je leven, een goede carrière hebben, studeren. De ideale zoon. En dat met de doem van de verloren kinderen. De pijn en het verdriet van mijn ouders."

Beide ouders kwamen uit Holland, zo noemt hij Nederland. Zijn moeder was op vierjarige leeftijd verhuisd. Zijn vader emigreerde vanuit Europa via Amerika naar 'de Oost'. Ze ontmoetten elkaar in 1924 op Sumatra, in Medan, waar ze trouwden: "Ze hadden er een goed leven." Maar in 1941 werd het gezin door de Japanse bezetters geïnterneerd en van elkaar gescheiden: "Vader in het ene kamp, moeder in het andere." Niet iedereen doorstond het kamp: "Uiteindelijk bleven wij met zijn drieën over. Mijn oudere broer en ik schelen twintig jaar, mijn zus en ik negentien jaar. Zij hadden allebei al een heel kampleven achter de rug."

In Medan leidde zijn vader een eigen handelsonderneming, samen met een compagnon. Ze handelden in tropische producten. Rubber, tabak, aandelen in ondernemingen. Hij had een aandelenkantoor met een filiaal in Amsterdam. Toen hij terugkwam, was hij zijn hele vermogen kwijt. Zijn bedrijf was genationaliseerd door de Indonesiërs. Hij moest zijn compagnon ontslaan om in Amsterdam het kantoor voort te zetten. Daar werkte hij tot zijn dood, op 79-jarige leeftijd: "Hij vond er niets aan om te stoppen."

Poelmanns grootvader stamt uit het Noord-Duitse Papenburg, "Ost-Friesland." Hij was aannemer. Eind negentiende eeuw verhuisde hij naar Nederland. Hij werd projectontwikkelaar *avant la lettre*. Welvarend: in Amsterdam liet hij hele buurten bouwen, hij exploiteerde talloze huizen. Zelf woonde hij aan de Herengracht en later in Hilversum: "Een prachtige oude villa. Ik heb nog foto's van dat huis. Die hangen bij ons in de gang aan de muur."

De Poelmanns waren strenggelovige rooms-katholieken. Zijn vader werd in 1900 vanuit Amsterdam naar Rolduc gestuurd, een internaat voor rijke kinderen in Kerkrade: "Heel hardvochtig." Grootvader van moederskant kwam uit een 'oude' familie. Ook hij zat in de handel, en was *well to do*. Zijn familie handelde in Zutphen en allerlei Hanzesteden in tabak en tropische producten. Deze grootvader, al jong doof geworden, begon een fabriek voor gehoorapparaten: Akousticon. Later had hij winkels in het hele land.

Poelmanns moeder was minder dwingend, lichtvoetig katholiek: "Zij was van de gemakkelijke kant." Ze kwam uit een agnostisch gezin maar bij haar trouwen moest ze katholiek worden: "Ik heb het aan haar te danken dat ik niet zwaar gelovig ben opgevoed." Of hij zelf nog in God gelooft? "Ik ben religieus maar niet kerkelijk. Ik hang geen kerk aan." Hij heeft wel affiniteit met spirituele waarden. Wat dat betekent? "Er is meer dan het leven op aarde. Wij mensen zijn onderdeel van een schakel. Het leven begint niet bij de geboorte en houdt niet op bij de dood. We hebben een of andere verbinding met elkaar door een universeel 'iets'."

Concreet? "We zijn op aarde om te evolueren. Om beter te worden. Ik doe dit werk omdat ik het leven meer waarde wil geven. Toegevoegde waarde. Het heeft te maken met idealisme: zorgen dat deze wereld beter wordt. Dat is een taak. Noem het een humanistische visie. Die heb je zonder je op de Bijbel te hoeven beroepen. Katholieken lazen de Bijbel niet. Ze bekeken alleen de plaatjes."

Snijvlak

Begin 2009 fuseren De Gelderse Roos, Forum GGz Nijmegen (GGz Nijmegen, Stichting Overwaal en de Pompestichting) bestuurlijk tot Pro Persona in Wolfheze. Daar gaat ruim 200 miljoen euro om. Er werken 3500 mensen. Zij behandelen psychoses, angst-, persoonlijkheids- en stemmingsstoornissen en doen aan forensische psychiatrie. Op het snijvlak van Justitie en Volksgezondheid. Een kritische Poelmann: "De Staat moet niet zelf behandelen. Dat hoort de zorgsector te doen. Voor Justitie zijn alle mensen gelijk. In de zorgsector geldt de regel dat ieder mens anders is. Zorg op maat past niet bij het systeem van Justitie. Dat kan weleens botsen."

Acoliet

Zijn eerste leidinggevende ervaring had hij op het altaar, als acoliet, een leek die de priester tijdens de mis helpt: "Ik ben ceremoniemeester geweest, de hoogste taak van de acolieten. Je moest alle rituelen kennen en daar leiding aan geven: weten wanneer je moest buigen, wanneer de preek kwam, je moest de priester uitnodigen naar de preekstoel te gaan, het wierookvat laten halen, het wijwatervat, het boek van de ene naar de andere kant doen dragen." Later, na de dood van zijn vader, volgde de kentering en de distantie tot de moederkerk.

Idealisme

Hoe hij in de zorgsector terechtgekomen is? "Uit idealisme. Roeping. Ik wilde een baan hebben waarbij ik goed kon doen. Ik heb een overtrokken gevoel voor rechtvaardigheid. Ik kan snel verontwaardigd zijn als ik situaties tegenkom die ik niet rechtvaardig vind. Dan ga ik op de bres. Beroepsmatig betekent dat vooral strijd met het gezag."

De Pompestichting valt onder Pro Persona, een organisatie die snel is gegroeid. Jos Poelmann: "Mij drijft de professionalisering van het vak. Groot kan ook heel goed zijn. Ik durf te beweren dat grootschaligheid goed is voor onze cliënten. Want dan kun je efficiënter werken. Een kleine organisatie kan een aantal ambities niet waarmaken, zeker niet in de geestelijke gezondheidszorg. Ambities moeten worden gefinancierd uit de bulk. Wij doen een heleboel verrichtingen voor heel veel mensen. Dat gebeurt gestandaardiseerd en geprotocolleerd. Hoe groter de productie, hoe meer er overblijft voor onderzoek en opleiding. Alleen dan kun je nieuwe serviceconcepten ontwikkelen."

"In grote organisaties ontstaat er ruimte om de behandelingen te verbeteren. Er kan efficiënter worden gewerkt. En er wordt meerwaarde geschapen. Wij bieden bijzondere specialismen aan. Die zijn duur. Dat kunnen we alleen doen omdat tachtig procent van onze cliënten efficiënt kan worden geholpen. Daardoor ontstaat er de rek om ook intensief aandacht te besteden aan de twintig procent bijzonder moeilijke, complexe zorg."

Eerder verschenen in Skipr 06-2010

Maarten Rook: 'De rommel van Klink opruimen'

Meer dan hem lief is, moet hij in Den Haag aan de bel trekken. Maarten Rook ziet zijn werk steeds politieker worden. 'Je wordt afhankelijk van dat ene Kamerlid dat gevoelig is voor je argumenten.'

Hoe hij met dwarse dokters omgaat? Maarten Rook (1949), bestuursvoorzitter van het St. Antonius Ziekenhuis in Nieuwegein en Utrecht: "Dwarse dokters zijn nooit de slechtste. Ik praat met ze. Ik probeer er samen voor te zorgen dat zij zich toch happy voelen."

"Je moet wel steeds op je *qui-vive* zijn. Dat komt door het spel eromheen. De buitenwereld brengt een hoop ellende binnen. Als een hartchirurg merkt dat een oogarts, een patholoog of een anesthesioloog meer verdient, wordt hij narrig. Het vereist tact om daarin de juiste balans te vinden."

Rook noemt zich een coachend leider; zelf treedt hij niet graag op de voorgrond: "Ik heb 35 jaar ervaring met wetenschappers en medisch specialisten. Ik heb er lol in om ze goed te laten functioneren." Wat zijn kracht is? "Ik kan beleid en uitvoering bij elkaar brengen." Flexibel, geen alom aanwezig ego: "Ik ben niet directief maar ik weet waar ik heen wil, desnoods met een omweg. Als er een boompje staat of mensen niet meteen mee willen doen, kan ik ook kronkelig op het doel af gaan."

Soms doet hij er namens het ziekenhuis 'iets' bij: "Als een specialist een lager inkomen heeft omdat hij extra kosten moet maken, nemen wij uit ons eigen budget wat kosten over. We willen dat ook die ene dokter goed meedoet. We zien ons ziekenhuis als één geheel, ook al hebben de specialisten hun eigen honorarium."

Maarten Rook: 'Deskundigheid telt, maar psychologie is alles'

Nyenrode

Maarten Rook wordt op 12 december 1949 geboren in Krimpen aan den IJssel. Bijna alle kinderen in het dorp gaan naar de mulo; hij mag naar het Libanon Lyceum in Rotterdam. Op zijn zeventiende krijgt hij een beurs voor Nyenrode. Hij valt op tussen de fabrikantenzonen Van Nelle en Verkade en doet mee aan een uitwisselingsprogramma met de VS. Rook gaat in 1972 bij Kortman & Schulte werken. Vier jaar later treedt hij in dienst van de Universiteit Utrecht. In 1997 wordt hij bestuurder bij het Holy Ziekenhuis te Vlaardingen. Hij stapt over naar het St. Antonius Ziekenhuis Nieuwegein om in 2003 bestuursvoorzitter te worden van de AntoniusMesosGroep. Eind 2010 vertrekt hij. Rook wordt voorzitter van de 27 Samenwerkende Topklinische opleidings- Ziekenhuizen, de STZ. Hij blijft voorzitter raad van toezicht van de Hogeschool Utrecht.

Verkeerde berekening

Opeens staat hij op scherp. Onveranderd vriendelijk hekelt hij de toenemende greep van de politiek op de zorg; steeds vaker moet hij namens het ziekenhuis lobbyen in Den Haag en Utrecht: "Al vijf jaar lang weten we niet hoe het verdergaat met het kapitaallastendossier. Ik moet constant aan de bel trekken bij Kamerleden, hoge ambtenaren of de minister, vooral voor het bouwdossier en de dure verrichtingen."

"Dit leidt tot cliëntelisme: je wordt afhankelijk van dat ene Kamerlid dat gevoelig is voor je argumenten. Eerst hebben we de *lumpsum* bij het honorarium. Dan maken we er talloze dbc's van. Dat loopt uit de hand door een verkeerde berekening, waarna de minister teruggrijpt naar een vorm van budgettering. Waar zijn we toch mee bezig? Intussen kunnen wij als ziekenhuisdirecteuren de rommel van Klink opruimen."

Hoe hij zelf met mensen omgaat? "Mijn deur staat altijd open." En verder? "Je moet je medewerkers kennen én ze de ruimte geven." Scharrelruimte, noemt de Tilburgse hoogleraar Jan Moen dit: "Wil vooral niet alles voor iedereen tot achter de komma regelen."

Zijn voorbeeld als coach? "Guus Hiddink. Hij is in staat om een bestaande groep elke keer tot betere prestaties aan te sporen." Hoe? "Door snaren te raken. Die jongens kunnen allemaal voetballen, dat is niet het punt. Het gaat om het samenspel. Ook in een ziekenhuis moet je je altijd afvragen wat het doel is. Hoe bereik je dat met elkaar? Wat heb je voor elkaar over om je doel te halen? Dat drijft mij. Deskundigheid telt, maar psychologie is alles. Hoe krijg je de mensen mee? Door respect te tonen. Dat heb ik aan mijn jeugd overgehouden."

Thuis betekent voor hem in eerste instantie Krimpen aan den IJssel, in de vroege jaren vijftig van de vorige eeuw nog een dorp met pontjes en geen brug. Het rivierengebied; de wereld van de scheepswerven. Het halve dorp werkte bij Van der Giessen. Zijn vader trok zes dagen per week naar de overkant, als bankwerker bij Vuyk. Hij werkte hard en klom op tot bankwerker-baas bij Boele.

Asbakken

De vakbond speelde een grote rol: "Mijn vader vocht voor de 'goede zaak'. Hij was heel betrokken. We hadden altijd asbakken van de NVV in huis, het Nederlands Verbond van Vakverenigingen, een voorganger van de FNV. En bij ons werd driftig PvdA gestemd." Zijn beide grootvaders werkten eveneens in de scheepsbouw. Die van vaderszijde overleed jong. De andere grootvader, van moederskant, liep in de jaren dertig nog met de rode vlag van de communistische partij. Hij was scheepstimmerman. Hij werd getroffen door de watersnoodramp en kwam tijdelijk bij zijn dochter inwonen. Rooks ouders hadden geen ruime woning, wel een groot gezin met negen kinderen. Zelf was hij de tweede. Een jongere broer en zus, beiden direct onder hem, zijn overleden. De broer stierf op zijn 43^e aan een hartstilstand in de sportschool, zijn zus op haar 46^e aan kanker.

Als de dag van gisteren herinnert Rook zich de Hongaarse opstand van 1956: "Mijn ouders zaten met hun oren tegen de radio aangedrukt. Angst. Het commentaar van G.B.J. Hiltermann om 1 uur op zondag. En altijd die associatie met bloemkool en spruitjes."

Wie er een grotere invloed heeft gehad, zijn vader of zijn moeder? "Mijn vader was geen gewone arbeider. Hij wilde altijd als eerste een mooie brommer hebben. Een Kapteijn Mobylette.

Hij had ook zo'n lange leren jas. Hij wilde zichzelf tonen. Ik heb dat van hem meegekregen: de wil om uit te blinken, je best te doen. Anders te zijn dan het gemiddelde."

Vader was hard voor zichzelf en zijn omgeving maar ook een voorloper. Als een van de eersten in de straat kocht hij een televisie, vanwege het wereldkampioenschap voetbal in 1958: "Telkens kwamen er twintig mensen kijken." Brazilië won, in Zweden, met spelers als Pele, Didi, Vava en Garrincha: "Dan gingen we naar buiten en speelden we dat we Pele waren. Ik was Garrincha. Rechtsbuiten. Hij had slechte knieën."

Maarten Rook kon goed leren. Op de lagere school gaven enkele leraren hem en een paar anderen na schooltijd bijles. Zo werd hij voorbereid op de hbs, de voorloper van het atheneum. Krimpen had geen hbs, die bevond zich in de grote stad, in Kralingen, een wijk van Rotterdam. Twaalf kilometer fietsen over de Algerabrug, die net klaar was. Soms nam hij een maandkaart voor de bus, "Zeker in 1963, want die winter was bar koud, toen was ik dertien."

■

Libero

Maarten Rook komt uit het rivierenlandschap onder Rotterdam: "Ik heb veel gezwommen. Ook in de jaren zestig in het 'vuile water'. Als je in de rivier dook en weer bovenkwam, was je bijna zwart." Voetbal was zijn passie. Van zijn dertiende tot zijn negentiende speelde hij bij de plaatselijke vereniging DCV, Door Combinatie Verkregen, een fusieclub uit Krimpen aan den IJssel. Stopperspil, libero. "Met de junioren speelden we in de hoogste competitie van de regio. Er waren heel wat bekende voetbalclubs in de buurt. Sparta, Feyenoord. Excelsior, Xerxes, Fortuna Vlaardingen, Hermes DSV, SVV in Schiedam. In die tijd kwam Ajax op. Je probeerde je voorbeelden na te doen. Ik waande me Velibor Vasovic, de Joegoslavische verdediger die met Ajax de Europacup veroverde."

Citroenjenever

Of hij nog gelovig is? Zijn vader was geen kerkganger maar zijn moeder "ging behoorlijk naar de kerk." Nederlands hervormd: "Zij was van de lichte tak. Van haar mochten we op Hemelvaartsdag en Tweede Paasdag voetballen. Alleen niet op Eerste Paasdag. Dat waren belangrijke scheidslijnen in de protestantse hoek." Hij bezocht de zondagsschool en deed mee aan kerkdiensten. Maar algauw begon het te knagen: "Tot mijn twaalfde mocht ik niet op zondag voetballen. Dat vond ik raar. Waarom niet?" Hij lacht aanstekelijk, met een jongensachtige blik, zoals vaker tijdens ons gesprek: "Ik dacht: 'Wat zijn dat voor een afspraken'."

Daar kwam bij dat de kerk in zijn optiek had gefaald tijdens de Tweede Wereldoorlog. De ooms en tantes hadden het daar steeds over tijdens familiefeestjes: "Het gaat erom wat de kerk doet en laat." Hij roept de huiselijke sfeer op: "Allemaal op stoelen. Aan tafel, in elk geval in een soort kring. Een glazen potje met sigaretten in het midden. De vrouwen bij elkaar met een citroenjenever of advocaatje. De mannen apart, aan de jenever."

Een oom was een halve oorlogsheld. Hij had palen uit de grond getrokken die de Duitsers hadden neergezet om te voorkomen dat de geallieerden er zouden landen. Een ander had in Duitsland moeten werken. "Van huis uit behoorden ze tot de kerk. Maar allen hadden ervaren dat ze op het *moment suprême* alleen stonden."

Wat hem drijft? "Ik wil een fatsoenlijk mens zijn vanuit een algemeen-christelijke inspiratie." Hij zucht: "Ik geloof niet dat je niet fatsoenlijk kunt zijn als je onkerkelijk bent. Of andersom, dat je alleen fatsoenlijk kunt zijn als je tot een kerkgenootschap hoort. Ik ken te veel voorbeelden van mensen die misdaden begingen, terwijl ze vooraanstaande leden van een kerk waren." Op zijn achttiende trad hij actief uit: "Vanuit wetenschappelijk oogpunt valt het niet te bewijzen dat de wereld zo in elkaar zit als in de Bijbel wordt beschreven."

H.17

■

Eerste plaats

Het St. Antonius Ziekenhuis in Nieuwegein en Utrecht bestaat honderd jaar. Een topklinisch ziekenhuis dat regelmatig de eerste plaats bezet in de ziekenhuisvergelijkingen van het *AD* en *Elsevier*. Drie vestigingen, 5.000 medewerkers en een omzet van 337 miljoen euro in 2009. In Leidsche Rijn wordt gewerkt aan nieuwbouw. Kosten: rond de 180 miljoen euro. Rook: "Elk huis heeft straks zijn eigen repertoire. Leidsche Rijn krijgt de laagrisicozorg, zoals electieve heupoperaties. In grote aantallen en de goede kwaliteit." Oudenrijn en Overvecht worden verkocht. Nieuwegein wordt deels verbouwd: "Hier doen we de zware ingrepen, dus de hoogrisicozorg."

Orkest

Zijn eigen ziekenhuis kent hij van binnenuit, ook als patiënt. Hij is niet vaak ziek geweest, maar na een ernstige val van een trap, waardoor hij zijn pols verbrijzelde en een schouder brak, moest hij worden opgenomen: "Na afloop had ik uiteraard enkele gedachten voor verbetering, ook al was de verzorging uitstekend." Het herstel duurde een paar maanden maar zodra hij kon, liet hij zich per taxi naar zijn werk vervoeren.

Ambassadeur van harmonie en *ausdauer*: onder zijn leiding is het St. Antonius gefuseerd met Mesos Medisch Centrum in Overvecht en Oudenrijn. Hij kent alle managementboeken waarin staat dat zeventig procent van alles fusies gedoemd is te mislukken: "Maar als je niet fuseert, gaat het evenmin goed." Hij stuitte op een Engelse techniek: *investors in people*, voor het eerst in de jaren tachtig toegepast. "De inzet is het doel van de onderneming te verbinden met de individuele ambities en beelden van de medewerkers." Hij besprak zijn plannen met de beide ondernemingsraden: "Ik heb ze kennis laten maken met mensen die dit model al eens hadden toegepast. De or's waren enthousiast. Daarna hebben we de medewerkers erbij betrokken."

Ze noemden hun project *Bedrijf naar je hart*. Resultaat? Er was bijna geen verzet tegen de fusie. Geïnspireerd door *If Disney ran your hospital* van Fred Lee werd samen met de or de bejegening van de patiënten naar een hoger plan getild: *Symfonie 440*. Een blijmoedige Rook: "Het ziekenhuis als orkest waar de een de lessenaar neerzet, de ander de solo speelt maar waarbij het wel handig is als iedereen op tijd is en de juiste toon aanslaat. 440 staat voor de zuivere A die je krijgt als je de stemvork aanslaat: 440 Herz. En met die zuivere A ben je terug bij het Antonius."

Eerder verschenen in Skipr 07/08-2010

Louise Gunning: 'Wij maken de samenleving'

Ze werd getipt als minister van Volksgezondheid. Begrijpelijk, want Louise Gunning maakt zich sterk voor de publieke zaak. Tijdens het gesprek was ze nog bestuursvoorzitter van het AMC.

Louise Gunning-Schepers (1951) heeft een eigenzinnig toekomstbeeld. Nederland, zegt zij, bevindt zich op een keerpunt: "De acht universitaire medische centra zijn ongelooflijk sterk op medisch-wetenschappelijk terrein. We lopen voorop. Onze positie in klinisch onderzoek is ijzersterk. Steeds meer Amerikanen, Britten en Duitsers komen kijken hoe wij speciale operaties verrichten. Wij kunnen ons land internationaal nog beter op de kaart zetten. Willen we dat? Dan moeten we onze krachten bundelen."

In Europa is op termijn slechts plek voor een paar medische topcentra, in Nederland voor één: "Eén samenwerkend universitair medisch centrum op acht locaties. Alleen dan heb je de omvang en de kwaliteit om bij de absolute top te horen."

Louise Gunning: 'Onze samenleving accepteert pech niet meer'

■

Fantastisch orkest

Louise Johanna Gunning-Schepers wordt op 1 juli 1951 in Amsterdam geboren. Tot haar twaalfde woont ze in het buitenland. Ze studeert geneeskunde in Groningen. Haar masters behaalt ze aan de *Johns Hopkins School of Public Health and Hygiene* in Baltimore (VS). Ze promoveert in Rotterdam. In 1991 wordt zij hoogleraar sociale geneeskunde in Amsterdam. Vanaf 2001 is ze bestuursvoorzitter van het AMC. Daar vertrekt ze om universiteitshoogleraar en voorzitter van de Gezondheidsraad te worden. Tot deze benoeming is zij commissaris bij DSM. Ze zit in het bestuur van het Concertgebouw: "In tijden van crisis is het belangrijk dat de vrienden en steunpilaren blijven. Want als je dit fantastische orkest op niveau wilt houden, dan moet je het de kans geven de top te blijven bereiken."

Minder uitbundig

Op 1 september 2010 nam Louise Gunning afscheid als bestuursvoorzitter van het Academisch Medisch Centrum in Amsterdam (AMC). Ze werd voorzitter van de Gezondheidsraad en universiteitshoogleraar gezondheid en maatschappij aan de Universiteit van Amsterdam.

Het AMC is een van de beste ziekenhuizen van Nederland. Gunning: "Uiteraard streelt dat mijn ijdelheid." Negen jaar gaf zij er leiding aan talloze figuurlijke kruiwagens met kikkers. Dat ging haar goed af. Nog kent zij elk dossier tot in de puntjes. Maar over haar privéleven is ze minder uitbundig. Uit principe, dat heeft ze meegekregen, want thuis werd de balans tussen werk- en privéleven strikt gehandhaafd. Als permanente vingerwijzing vist ze een langwerpig object van plexiglas uit de stapels boeken en rapporten op haar tafel in de bestuurskamer met daarop de tekst 'Verslaafd zijn aan werken is gevaarlijk'. Zichtbare trots; ze kreeg het van haar vader, nadat hij het jarenlang op zijn bureau had staan.

Begin jaren vijftig van de vorige eeuw kwam zij in Amsterdam ter wereld. Haar Nederlandse ouders woonden destijds in Londen. De Britse National Health Service was net ingevoerd door de Labourregering van premier Clement Attlee, maar de verloskundige zorg werd niet vergoed: "De vader van mijn moeder was huisarts. Hij zei tegen mijn ouders: 'Kom naar Amsterdam. Dan beval je thuis.' Hij heeft mij 'gehaald' en na een paar weken ben ik meegegaan naar Londen."

Haar grootvader had een eigen praktijk in Zeeland en later in Zoetermeer. Hij kwam naar Amsterdam toen het GAK werd opgericht, het gemeentelijke administratiekantoor: "Helaas is hij jong overleden. Hij was een van de eerste huisartsen die de sociale geneeskunde in ging. Dat heb ik me pas gerealiseerd toen ik zelf voor de sociale geneeskunde koos."

Ze komt uit een Shell-gezin. Haar vader werd veelvuldig uitgezonden. Daarom woonde zij in haar jeugd in verschillende landen. Pas op haar twaalfde kwam ze terug naar Nederland. "Ik vond het reuze leuk om in het buitenland te wonen. Ik heb er enorm veel profijt van gehad. Ik heb er vloeiend Frans leren spreken."

De lagere school volgde ze in Marokko, in Casablanca. Ineens opgetogen: "Dat kunnen maar weinig Nederlanders zeggen. Prima school, trouwens. Helemaal Franstalig." Jaren later merkte ze dat wat zij in het straatbeeld en de cultuur normaal vond, in eigen land 'nogal ongebruikelijk' was.

■

Essentie

Louise Gunning over de essentie van haar werk: "Het AMC oefent een enorme aantrekkingskracht uit op bijzonder slimme, creatieve en eigenzinnige mensen. Je bent ervoor verantwoordelijk dat deze medewerkers de ruimte krijgen om hun ambities waar te maken. Je moet de gekkigheid waarmee de buitenwereld je soms confronteert buiten de deur houden. En ervoor zorgen dat jouw mensen maximaal kunnen doen waarvoor ze bij je kwamen werken. Zij zijn je menselijke kapitaal. Dat moet je koesteren. Je mag het nooit verspelen."

Afkappunten

Gunning is een perfectionist, begiftigd met een grote dosis zelfvertrouwen. Ze weet wat ze wil en is betrokken, strijdbaar en volhardend. Eind jaren zestig ging ze in Groningen medicijnen studeren. Geen linkse activiste, ze hoorde niet tot de spraakmakende studentenbeweging. "Onze jaargang geneeskunde spande wel meteen een kort geding aan tegen de selectie van het eerste naar het tweede jaar, en hoe de 'afkappunten' werden bepaald. Dat beviel me goed."

Halverwege het artsexamen koos zij voor de onderzoekskant, de epidemiologie. En in 1973 vertrok ze weer naar het buitenland. Met haar man, een ontwikkelingseconoom, woonde ze in de Verenigde Staten, Groot-Brittannië en België. Ze begonnen in Washington; hij kreeg er een baan bij de Wereldbank. Hij is nog altijd haar belangrijkste adviseur 'bij een glaasje wijn' wars als ze is van modieuze management- en persoonlijkheidstrainingen.

In de VS werden hun twee zoons geboren. "De eerste moest in het ziekenhuis ter wereld komen. Dat kon daar niet anders." Zij zag meteen dat de Amerikaanse geneeskunde talrijke problemen niet kon oplossen: "Dat moest veel eerder in de pijplijn gebeuren. Preventief." Ze raakte er geboeid door de publieke gezondheidszorg, waarna ze aan de Johns Hopkins University in Baltimore haar masters in public health behaalde: "Dat had ik nooit gedaan als ik in Groningen was blijven studeren." Haar tweede kind kreeg ze thuis. Tot vreugde van de vroedvrouw ging ze met de zorgverzekeraar in de slag om de bevalling vergoed te krijgen: "De eerste keer *ever* dat ze hebben betaald."

Gunnings grootvader van vaderskant was militair jurist. Rechter; hij eindigde zijn loopbaan als generaal. Haar vader is overleden, maar haar moeder leeft nog. Zodra het woord elite valt, maakt ze een afwerend gebaar, al erkent ze dat binding en traditie voor haar onmisbaar zijn. Elk jaar met kerstmis blijven ook haar broers met hun gezinnen, aanhang en de volgende generatie logeren: "Ik kom uit sterke en warme families, van beide kanten."

Studeren was normaal, vrijblijvendheid bestond niet en als vanzelfsprekend nam je je verantwoordelijkheid: "Dat zat er altijd bij. Een studie betekent een investering waarmee je iets moet doen." Maar verder heeft ze 'veel geboft'. Daarom keert zij zich tegen de lijstjes van 'beste ziekenhuizen' en 'machtigste vrouwen', waarin zowel het AMC als zij zelf er meestal goed vanaf komt. Momentopnames. Gunning: "Je komt terecht op een functie. Die mag je een tijdje vervullen. Dat is fantastisch. Maar aan het eind van de rit moet je iets overdragen aan je opvolger dat even goed of iets beter is dan wat jij hebt gekregen."

Haar grootste motivatie is het algemeen belang. De publieke zaak: "Ik wil helpen structuur aan te brengen." Overtuigd: "Wij maken de samenleving. Niemand anders. Dus hebben we de opdracht om de maatschappij zo goed mogelijk in te richten." Ze haalt de Amerikaanse filosoof John Rawls aan, die begin deze eeuw overleed. Hij schreef over de menselijke vrijheid keuzes te maken: "Mensen kunnen kiezen, maar ze hebben elkaar ook nodig."

"Je weet van tevoren niet in welke maatschappelijke positie je terechtkomt. Niemand kan voorspellen of zijn kinderen gezond zullen zijn. Dus hoort de samenleving te helpen als iemand opeens wel een gehandicapt kind krijgt." Ze waarschuwt voor een overmaat aan planning: "Zo nu en dan moet je risico's durven nemen. Soms pakt dat goed uit, soms niet, dan heb je pech gehad. Bij geluk hoort ook pech. Ik denk wel eens: 'Onze samenleving accepteert pech niet meer'."

Bij haar ouders stond het geloof op een laag pitje. Ze waren remonstrants, "van een vrijzinnige kant." De beslissing om te worden gedoopt, werd pas op het achttiende jaar genomen. Zij besloot zich niet te laten dopen: "Ik vind het christelijk geloof een belangrijk onderdeel van onze cultuur, maar ik ben niet gelovig." Hoe dat komt? "Daarvoor ben ik te veel een wetenschapper. Ik wil bewijzen. Ik neem niet zomaar iets aan."

Het is een menselijke *drive* om beter te willen zijn dan de rest, erkent ze. Op school, in de sport en in de wetenschap. Ook een wetenschapper is alleen succesvol als hij erg goed zijn best doet, en als eerste iets publiceert wat niemand anders heeft gezien of bewezen. Abrupt: "Maar de beste Nederlander bestaat niet. Je wordt uitsluitend de beste in je vak in competitie met andere landen, dus internationaal. De wetenschap is sowieso erg internationaal georiënteerd."

■

Topklinische zorg

Het Academisch Medisch Centrum bij de Universiteit van Amsterdam (AMC) bestaat uit het Academisch Ziekenhuis en de faculteit geneeskunde. Het biedt topklinische zorg aan ruim 3 miljoen inwoners van Noord-Holland, Flevoland en een deel van de provincie Utrecht. In 2009 werd het Verenigd Ziekenvervoer Amsterdam overgenomen (VZA). De VZA richt zich op ambulancezorg en AWBZ- vervoer. In hetzelfde jaar behaalde het AMC een omzet van 762 miljoen euro (met 6.652 voltijdsbanen). Positief resultaat na belastingen: ruim 4,75 miljoen euro; 2,6 miljoen minder dan in 2008.

Veel talent

Nederland is steeds opvallend goed geweest in internationale wetenschappelijke contacten. "We hadden een positie die ons meer invloed gaf dan op grond van onze omvang mag worden verwacht." Die rol slinkt, maar nog altijd doet ons land het goed in medisch onderzoek. "Dertig procent van het Nederlandse onderzoek dat internationaal wordt gepubliceerd, komt uit de medische hoek. Bij citaties scoren wij veertig procent boven het internationale gemiddelde en in toppublicaties vele malen hoger. Dat wordt wel eens vergeten. Nederlandse wetenschappers hebben ingangen waar anderen jaloers op zijn. En innovaties worden hier veel eerder toegepast."

Ze betreurt het dat het zicht op Europa vertroebeld is geraakt: "Wij hebben altijd baat gehad bij de Europese eenwording. We hebben Europa nodig, ook om onze bijzondere cultuur en waarden overeind te houden. In het verleden hebben we de instroom van buitenlanders steeds kunnen gebruiken om onze samenleving inhoudelijk te verrijken. Neem de excellente studenten aan onze geneeskundefaculteit van de Universiteit van Amsterdam. Er zit bovengemiddeld veel talent bij van jonge mensen die oorspronkelijk niet uit Nederland komen. Daar gaan we veel profijt van hebben."

Vol overgave verdedigt ze de bestaande ziekenhuiszorg met honderd instellingen: "Kwaliteit moet niet in één topinstelling worden geconcentreerd, maar worden gespreid. Want uitschieters naar boven worden altijd afgewisseld door uitschieters naar beneden. Als er toevallig géén topinstituut in de buurt is zodra je een hartinfarct krijgt, je kind een fietsongeluk heeft of je moeder een heup breekt, dan is het erg vervelend dat het beschikbare ziekenhuis slechtere hulp biedt."

En dan, indringend: "Zowel in de ziekenhuiszorg als in de artsopleidingen kennen we in Nederland maar weinig kwaliteitsverschillen. Willen we deze kwaliteit de komende jaren overeind houden? Dan moeten we ook bereid zijn de dingen die echt niet goed gaan te benoemen en zo nodig te beëindigen."

Eerder verschenen in Skipr 09-2009

Wander Blaauw: 'Hoe hoger de zee, hoe rustiger ik word'

Bestuursvoorzitter Wander Blaauw is al 31 jaar verbonden aan wat nu het Medisch Centrum Leeuwarden heet. Leidinggeven betekent voor hem vooral delegeren. 'Ik ben zeker niet het slimste jongetje van de klas.'

Wander Blaauw (1955) kan goed binden. Hij weet mensen er snel van te overtuigen hoe ze samen een doel kunnen bereiken. Zijn hele werkzame leven heeft hij bestuurd. Hoe hij dat heeft klaargespeeld? "Leiding geven betekent vooral veel delegeren. Het is niet zo moeilijk. Je moet niet met alle dokters tegelijk ruziemaken. En goed op de centen letten." Wat moet een bestuursvoorzitter kunnen? "De directeur doet niet zo veel. Een beetje voorzitten. Je doet mensen bewegen in deze baan."

Blaauw, de best verdienende ziekenhuisbestuurder van Nederland: "Zonder te delegeren ben je niet effectief. Anders kan ik niet de helft doen van wat ik nu doe." En verder? "Je moet initiatief nemen en goede mensen om je heen hebben. Ik ben zeker niet het slimste jongetje van de klas. Dat hoeft ook niet. Ik kan mensen die wel de beste van de klas zijn de ruimte geven om samen dingen te doen."

Creativiteit, een lange adem hebben, listen verzinnen, langs het randje gaan. Voor Blaauw zijn dit voorwaarden tot succes: "De afgelopen jaren hebben we 60.000 bochten moeten nemen bij de politiek, de ambtenarij, de collega's en de financiers. Telkens moesten we strijd leveren om onze doelen te verwezenlijken." Zijn geheim? "Volhouden, volhouden, volhouden. Zo nodig doorbeuken. Tegen alle aanvankelijke verzet in hebben we spoedeisende hulpen, operatiekamers, hele ziekenhuizen gesloten en honderden bedden afgestoten."

Wander Blaauw: 'We moeten niet alles overal en aan iedereen willen aanbieden'

Neem Harlingen. Daar kijken ze hem nog boos aan. Twee jaar geleden werd dat ziekenhuis grondig gereorganiseerd. Er dreigde een opstand, 20.000 tegenstanders zetten hun handtekening: "Als bestuurder moet je durven kiezen. Keuzes zijn voor een bepaalde groep altijd negatief. Wij investeren nu op een andere manier een vermogen in die locatie." Alle poli's worden vernieuwd, de gevels opgeknapt: "Dit is het gezondheidscentrum van de toekomst. Geen bedden meer, maar huisartsen, thuiszorg, psychiatrie. Die kant gaat het op in Nederland. We moeten niet alles overal en aan iedereen willen aanbieden."

Ambassadeur

Wander Jan Gerard Blaauw wordt op 18 juli 1955 geboren in Heerenveen. Hij doet het Stedelijk Gymnasium (β) te Leeuwarden. Na een studie rechten in Groningen wordt hij fusiecoördinator van het Leeuwarder Bonifatius Hospitaal, het Diakonessenhuis en Triotel (dat een ziekenhuis, verpleeghuis en verzorgingshuis omvat). In 1982 fuseren zij tot Medisch Centrum Leeuwarden (MCL). Vier jaar later is Blaauw directeur, uiteindelijk verantwoordelijk voor de patiëntenzorg. In 1993 wordt hij bestuursvoorzitter van Zorggroep Noorderbreedte en later ook directievoorzitter van het MCL. Hij heeft nevenfuncties bij de NVZ, de NZa en de STZ. Blaauw was lid van de Provinciale Staten van Friesland (1982-1995). Sinds enkele jaren is hij 'ambassadeur van Leeuwarden'.

Stationschef

Wander Blaauw kwam in het Friese Heerenveen ter wereld, dus voelt hij zich een echte Fries. Maar zijn beide ouders stammen uit Groningen; onder elkaar praatten zij Gronings. Zijn grootvader van vaderskant was stationschef en kaartjesverkoper. Een socialist: "Ze hadden het niet breed." Hij werkte in Visvliet, Elburg en Anjum, vlakbij het Lauwersmeer waar zijn vader werd geboren: "Overal waar mijn opa stationschef werd, werd dat station per ommegaande opgeheven."

Zijn eerste herinneringen, als oudste kind? Heerenveen. De kleuterschool. De filmprojector bij de vader van een vriendje aan de overkant. Ander voorbeeld: "We woonden vlak bij een snelweg. Een groot talud. Als daar sneeuw lag, gleden we er met onze sleetjes vanaf. Linke soep. Beneden was de sloot, boven reden de auto's. Van mijn moeder kreeg ik rode laarsjes als ik ermee ophield." Een dorpse sfeer; de eerste flats waren "een wereldwonder". Hij zwom af in het openluchtzwembad: "In het donker zoeken naar een pop op de bodem. Pas toen wij naar Leeuwarden verhuisden, ging het nog onoverdekte Thialf open."

Zijn moeder komt uit een ondernemersgezin. Haar vader had een drogisterij en een verffabriek. Hij was ook huisschilder: "Een ander milieu." Zij woonden boven de drogisterij in Sappemeer: "Daar heb ik als kind vaak gelogeerd. Dan mocht je meehelpen, dropjes wegen. En achterop de solex naar hun woonboot aan het Zuidlaardermeer. Opa hield van snoekvissen. Soms ving hij er zo veel dat ze thuis in de badkuip werden bewaard."

Blaauws vader deed de hbs. In de oorlog zat hij in een werkkamp bij Hamburg. Weggestopt verdriet: "Hij heeft er nooit iets over verteld." Een "superrationalist". Een zakenman; hij werkte in de makelaardij en bij Nationale Nederlanden. Met een collega kocht hij een bedrijf als assurantietussenpersoon. Later had hij ook een aantal reisbureaus en een makelaardij.

Blaauw weet hoe hij zelf in elkaar steekt: "Ik ben rationeel, net als mijn vader. Altijd zakelijk. Emotioneel moeilijk toegankelijk." Zijn moeder was anders: "Klein. Fel. Extravert. Ze speelde graag toneel. Drama maken, dat kon ze." Net als zij kan hij 'speels' zijn, onder meer als Sinterklaas. Elk jaar, thuis, in het ziekenhuis op de afdeling oncologie: "Heel indringend maar heerlijk om te doen. In zo'n pak val je trouwens kilo's af, zo warm is het."

H.19

■

Daklozenzorg

Wander Blaauw ergert zich aan de botte manier waarop er in de onverzekerbare zorg wordt gesnoeid: "Politici sluiten hun ogen voor de gevolgen van hun beslissingen. Ze nemen er geen verantwoording voor. Er ontstaat een tweedeling in de zorg. Is dat erg? Niet voor iedereen. Wel voor de groep die geen hogere eigen bijdrage kan betalen. Hen rest straks alleen daklozenzorg: je hebt een dak boven je hoofd, een bed en je krijgt eten. Dan is het afgelopen met de zorg zoals wij die willen bieden, waarbij de patiënt zegt dat hij niet om acht uur maar om tien uur naar bed wil.

Matrozenpakje

Gelovig is hij eigenlijk nooit geweest. Zijn moeder komt uit een hervormd gezin. Zijn vader 'had er niets mee', maar met kerst las hij wel Bijbelverhalen voor, omdat hij 'die waarden' aan zijn kinderen wilde meegeven. Wander zelf zat een blauwe maandag op de zondagsschool, dat wilde zijn moeder. Tot kerst, want dan kreeg je een cadeautje: "Daarna ben ik eruit gegaan." Hoe oud hij was? "Negen, halverwege de lagere school. Ik droeg een matrozenpakje!"

De lagere school stond in Heerenveen maar het Stedelijk Gymnasium deed hij in Leeuwarden, in 1967 de meest vrije school in de stad: "Een ongeorganiseerde bende." Blaauw had een grote bos haar, hij was links georiënteerd: "Ban de Bom. PSP." Algauw ontpopte hij zich als organisator en actievoerder. De toneelclub, 24-uursfeesten en, in de vijfde klas, de Gymnasiale Olympiade: hij regelde alles.

De conrector was hem goed gezind: "Bij de Olympiade kregen we honderden mensen over de vloer. Ze moesten allemaal gehuisvest worden. Er moesten zalen komen, er diende subsidie te worden geregeld." Zijn studieresultaten leden eronder, maar nadat hij al in de vierde was blijven zitten, kon hij toch gewoon door naar het laatste jaar: "Ik heb nooit een boek open gehad. Dat was te merken. Ik ben geen studiehoofd." Zijn studie rechten deed hij in 3,5 jaar: "Beetje wraak nemen. Het ging me makkelijk af."

Blaauw is verknocht aan Friesland. Een aanbod om een hoge ambtelijke functie in Den Haag te bekleden, sloeg hij af: "Mijn biotoop is wonen, werken, recreëren. Ik woon op vijf minuten afstand van het ziekenhuis. Mijn boot ligt op 20 minuten van mijn huis. Dat is mijn balans, die heb ik absoluut nodig. Rust en evenwicht. Zonder balans houd je het niet vol."

Grote breuken en tegenslagen heeft hij niet gekend: "Mijn vader zei wel eens, toen hij nog leefde: 'Je komt een keer een muur tegen.' Tot nu toe heb ik die muur gelukkig niet gezien. Het klinkt misschien achteloos: ik ben nu eenmaal niet zo snel van de wijs te brengen. Ik kan me goed ontspannen. Hoe hoger de zee, hoe rustiger ik word." Hij telt zijn zegeningen: "Als een van mijn kinderen zou zijn ontspoord, dan was ik compleet van de wereld geweest, omdat mijn balans dan weg is."

■

Derde pijler

De stichting Zorggroep Noorderbreedte (ZNB) omvat naast het Medisch Centrum Leeuwarden (MCL) in Leeuwarden en Harlingen een veertiental verzorgings- en verpleeghuizen. De geconsolideerde omzet van ZNB in 2009 bedroeg 353 miljoen euro. Er werken ruim 6.000 personeelsleden. Per 2012 wordt ziekenhuis De Tjongerschans in Heerenveen waarschijnlijk de derde pijler binnen de Zorggroep. Daarbij blijft het niet. Blaauw: "Er zijn 300.000 Friezen in het noorden en 300.000 in het zuiden. Voor sommige verrichtingen heb je 600.000 patiënten nodig. Er moet daarom meer samenhang en kwaliteit in de regio komen. Dus is het niet te handhaven als er langs de A7 drie volledige, identieke ziekenhuizen blijven bestaan in Drachten, Heerenveen en Sneek."

Humanist

Gedurende zijn studietijd raakte hij geboeid door de politiek. Hij zat in talloze bestuursorganen: in elke vakgroep, in de universitaire introductiecommissie: "Ik ben er van mijn linkse geloof gevallen. Tijdens een bijeenkomst van de Jonge Socialisten werd ik gedwongen op te staan om *De Internationale* te zingen. Met enig geworstel werd ik aan weerszijden onder mijn oksels gegrepen en opgehesen. Ik ben weggelopen." Via zijn huidige vrouw leerde hij Frank de Grave kennen en zo kwam hij in de JOVD terecht, de jongerenafdeling van de VVD.

Wat zijn ideologische denkraam is? Hij herkent zich in de joods-christelijk humanistische traditie: "Die waarden zitten in onze samenleving. Maar als ik iets ben, dan is het een humanist die twijfelt of er toch niet iets meer is." Zijn drijfveer is de nood van de mens: "En daar zijn natuurlijk grenzen in."

Tijdens de fusie van het Medisch Centrum Leeuwarden keerde een smaldeel in het bestuur, de voormalig katholieken, zich tegen het feit dat hij een vergunning wilde aanvragen om de Wet afbreking zwangerschap te kunnen uitvoeren. "Zij zeiden dat dat niet mocht van de bisschop. Voor mij is zo'n opstelling onbestaanbaar."

"Bij mij lopen doel, middelen en mensen door elkaar heen. Ik wil de zorg in de regio vooruit brengen. Dat is mijn doel. Een middel is de ontwikkeling van de Zorggroep Noorderbreedte. Ik zie elke klacht. Dat raakt me keer op keer persoonlijk. Bij een aantal klachten denk ik: 'Had dat nou een beetje anders gedaan.' Het gaat vaak om bejegening, communicatie, te weinig tijd. Hoe kan iemand in drie minuten een slechtnieuwsgesprek voeren?"

Opeens fel, want de 'ongenuanceerde en ondoordachte afbraak' van de zorg is in zijn ogen dramatisch. Eens per week douchen, betalen voor een ommetje? Het is hem een gruwel: "Ik vind dat nergens op slaan. Daar moeten we ons tegen verzetten." Uiteraard kan er worden bezuinigd op de ziekenhuiszorg: "Maar we willen alles. Geen wachttijden. Alles moet kunnen, voor iedereen. Er is geen 'nee' te koop. Maatschappelijk gezien durven we kennelijk geen grenzen te stellen."

"We zullen ons beperkingen moeten opleggen. Anders rijzen de kosten de pan uit. Deze herfst krijgen we weer enorme wachtlijsten bij de thuiszorg. Drie jaar lang hebben wij thuiszorgproductie gedraaid waarvoor we niet werden betaald. Dat kan niet. Ook dit jaar draaien we een miljoen euro overproductie. Terwijl we daarop verlies lijden. Dat houdt een keer op."

Toch enthousiast: "Weet je wat de eerste wet van Blaauw is?" Hij bukt zich naar de tafel, pakt pen en papier en begint te schrijven: Resultaat is inspanning maal talent gedeeld door ego. "Waarom gaan er zo veel ziekenhuisdirecteuren stuk? Door dat ego. Dan wordt je resultaat gehalveerd. Bij dokters idem dito. Ons past bescheidenheid. Je moet een ego hebben dat je klein kunt maken."

Eerder verschenen in Skipr 10-2010

Pierre Quaedvlieg: 'Meer loods dan kapitein'

Delen is de essentie van zijn werk. Pierre Quaedvlieg van Esdégé-Reigersdaal: 'Ik teken dit bedrijf nooit als een pyramide'

Meer loods dan kapitein noemt het personeelsblad hem. Tegen Skipr zegt Pierre Quaedvlieg: "Als bestuurder doe je het pas goed als je je bescheiden opstelt en je ondergeschikt maakt aan het primaire doel van de organisatie."

Quaedvlieg (1954): "Je moet laten zien dat je voor dezelfde waarden en uitgangspunten staat als de medewerkers. Dat het jou ook gaat om optimale kwaliteit van zorg, zodat de cliënten een zo goed mogelijke kwaliteit van leven hebben. Alleen dan gaan alle neuzen dezelfde kant op staan."

De bestuursvoorzitter van Esdégé-Reigersdaal in Broek op Langedijk wil delen. Delen is de essentie van zijn werk in de gehandicaptenzorg. "Geef ruimte aan de kwaliteit van mensen: medewerkers én cliënten. Mensen met een handicap zijn meer dan hun beperking. Het gaat om Piet en Marie. En niet om mensen met autisme."

Quaedvlieg maakt zijn woorden waar door twee dagdelen van de week te reserveren om de organisatie in te gaan en niet op het bestuursbureau te blijven. Door een dienst mee te draaien, een vergadering bij te wonen, een gesprek te hebben met de cliëntenraad en mensen te bezoeken. Zo schept hij samenhang en vertrouwen: "Alleen door jezelf te verbinden, schep je binding. Dan zien de medewerkers dat jij hetzelfde wilt als zij en dat je probeert ze te helpen hun werk zo goed mogelijk te doen."

Pierre Quaedvlieg: 'Ik wil iets betekenen voor mensen die erg kwetsbaar zijn'

Beste van de klas

Peter Maria Winandus Quaedvlieg wordt op 8 juni 1954 geboren in Heerlen. Hij groeit op in Simpelveld. Vader en beide grootvaders zijn mijnwerkers. Op de lagere school is Pierre de beste van de klas. Hij volgt het gymnasium in Kerkrade en studeert pedagogische wetenschappen in Amsterdam. In 1982 wordt hij orthopedagoog bij de RK Stichting Gezinsvervangende Tehuizen Noord-Hollands Noorden. De zorg voor mensen met een handicap wordt zijn passie. Zeven jaar later is hij directeur van Esdégé. Sinds 1999 is hij bestuursvoorzitter van Esdégé-Reigersdaal in Broek op Langedijk.

Twee werelden

Hij kent zijn wortels. Toen Pierre Quaedvlieg in de jaren zeventig in Amsterdam-Noord ging wonen om orthopedagogiek te studeren, koos hij ervoor in twee werelden te blijven leven: in Amsterdam en in het Zuid-Limburgse Simpelveld, waar hij vandaan komt. Elke donderdagvond kon hij met een Limburgse vrachtwagenchauffeur meerijden. Maandagochtend om half zes ging het terug naar de hoofdstad: "Ik wilde mijn oorsprong niet loslaten."

In Amsterdam woonde hij in een nieuwe studentenflat aan de Cleijndertweg, op een verdieping waar vrijwel niemand studeerde: "De anderen hielden zich vooral bezig met feesten en dealen." Er heerste een anonieme sfeer: "Allemaal nieuwe mensen. Geen sociale structuur. Ik vreesde te ontsporen."

Quaedvlieg stamt uit een arbeidersgezin. Zijn vader was mijnwerker 'op' de staatsmijn Wilhelmina in Terwinselen. Geen leidinggevende: "Hij was houwer. Ondergronds, op zevenhonderd meter diepte." De hele familie werkte in de mijn, net als de andere mannen in het dorp, beide grootvaders en bijna alle ooms. "Een stoere wereld. Je was pas een echte vent als je in de mijn kon werken en dat zware werk deed. Die mannen konden alles aan. Met dat beeld ben ik opgegroeid."

Het maakte indruk dat de vader van zijn vader de laatste vier jaar van zijn leven voortdurend op de sofa lag met een grote zuurstoffles naast zich: "Hij was niet uniek, maar bij hem heb ik het van dichtbij meegemaakt. Het is een drama als je iemand bijna ziet stikken." Hij zag de stoere kerels uit zijn jeugd als gebrekkige oude mannetjes over straat strompelen. "Mijn ouders woonden bovenaan de heuvel. Die mannen moesten na elke tien meter stoppen om op adem te komen. Van dat stoere machogedrag was niets over."

Sociale code

Of hij zelf een macho is? "Nee. Een zekere ijdelheid en dominantie zijn mij niet vreemd. Maar ik denk niet dat mensen mij als macho beschrijven." Heeft hij dan een gevoelige kant? "Ja. Ik ben gevormd en gemaakt door wat ik heb gezien en meegemaakt, te beginnen in Limburg. Daardoor kan ik de bestuurder zijn die ik ben."

De mannen werkten in de mijn, de vrouwen bleven thuis. Dat was de sociale code in Simpelveld: "Mijn moeder was een intelligente vrouw. Ze volgde enkele jaren middelbaar onderwijs, de mulo. Tot de Tweede Wereldoorlog er een stokje voor stak en het te gevaarlijk werd om naar school te fietsen."

In zijn jeugd was het ongebruikelijk dat iemand uit een arbeidersmilieu ging studeren: "Op de lagere school was ik steeds de beste van de klas. Dus vond mijn moeder dat ik naar de middelbare school moest. Naar het gymnasium. Dat kon eigenlijk niet. Een arbeidersjongen hoorde daar niet thuis." Zijn moeder zette door. Het nieuwe hoofd van de lagere school steunde haar, dus kon Quaedvlieg toelatingsexamen doen. En wel op Rolduc, het vroegere priesterseminarie in Kerkrade dat nu een hotel en conferentieoord is.

Hij hoorde tot de eerste lichtingen externe leerlingen en kon thuis blijven wonen. Elke dag een kilometer of twaalf op de fiets: "We telden de heuvels. Drie klimmetjes op. Ik heb er een hekel aan fietsen aan overgehouden. Maar ik zat op Rolduc. Jezus. Daar kwamen alleen de mensen van de gegoede stand."

In de klas werden er formulieren uitgereikt waarmee een boekentoelage kon worden aangevraagd: "Ik herinner het mij als de dag van gisteren dat bijna alle medeleerlingen reageerden van: 'Nee, wij hebben dat formulier niet nodig. Mijn vader is advocaat. Mijn vader is hoofd personeelszaken bij de mijn.' Of: 'De mijne is drogist. Dokter.' Steeds met die toevoeging." Een klasgenoot en hij moesten als enigen zo'n formulier aannemen.

Deze ervaringen kneedden hem: "Het betekent dat ik me minder bestuurder voel dan ik ben en dat ik me veel beter kan identificeren met cliënten en medewerkers dan met bestuurders."

■

Cultuurschok

Pierre Quaedvlieg komt uit de relatieve beslotenheid van het Limburgse heuvelland. Na het Klein Seminarie Rolduc gaat hij in Amsterdam studeren. De overgang naar de anonimiteit van de grote stad valt hem zwaar: "Een cultuurschok. Vreselijk." Hij woont in Amsterdam-Noord. De colleges vinden plaats bij de Oudemanhuispoort: "Dan liep ik van het station via de Dam en het Rokin naar de collegezaal. Onderweg groette niemand elkaar. Erg raar."

Historisch materialisme

Hij schenkt een kop thee in. Tijdens zijn studie specialiseerde Quaedvlieg zich in wat toen zwakzinnigheid en zwakzinnigenzorg heette. Waarom? "Een bewuste keuze. Ik wil iets betekenen voor mensen die erg kwetsbaar zijn. Bovendien was dit een praktijkgerichte afstudeerrichting." Hij zucht diep, alsof hij het opgeroepen beeld wil afschudden. "In de kandidaatsfase pedagogiek werden we bijna uitsluitend opgeleid in het historisch materialisme. Karl Marx. Friedrich Engels. Om een voldoende te krijgen voor een tentamen was het vooral belangrijk dat je de juiste frasen kon weergeven."

"Ik heb me mateloos geërgerd aan allerlei figuren uit de hogere sociale klassen met hun grote monden die vanuit hun ivoren toren pretendeerden te weten hoe het er op de werkvloer aan toe gaat en wat er moet gebeuren. De pedanterie! Geef je personeel de ruimte. Luister naar je mensen. Dat zijn voor mij ABC'tjes. Praktisch. *Hands on*. Geen blabla. Het moet echt iets opleveren voor de mensen voor wie je het doet."

Misdienaar

In zijn jeugd bezocht hij de katholieke Jozefschool voor jongens. Er was geen contact met de meisjes van de Mariaschool. Hij werd misdienaar in een zusterklooster: Huize Loreto in Simpelveld, de zusters van het arme kindje Jezus. Hij moest er examen voor doen. "Je werd pas toegelaten als de rector van het klooster vond dat je de Latijnse eucharistieviering perfect uit je hoofde kende."

Hij was zeven: "Ik werd ervoor gevraagd. Een hele eer." In die tijd woonden er vierhonderd nonnen in het klooster. Elke ochtend werden er drie missen gehouden: "We werkten in een rooster. De eerste mis begon om kwart voor zes, ook in de winter. Dan moest je als jongetje in het pikkedonker naar het klooster dat net buiten het dorp lag."

Standsverschillen, ook hier: "Wij waren beter dan de misdienaren van de dorpskerk. Want wij liepen er heel netjes bij. De nonnen zorgden ervoor dat de toga's en kazuifels netjes op orde waren. Gesteven. Als we een processie moesten lopen, dan hing de toga bij de misdienaars van de dorpskerk van voren tot aan de knieën en van achteren op de hielen. Bij ons was dat mooi egaal. We gedroegen ons heel vroom. En we liepen niet uit de pas; dat stonden de nonnen niet toe."

Hij is niet meer gelovig: "Ik heb niets met instituties omdat die de neiging hebben een doel, een waarde in zichzelf te worden." Hij hecht wel aan de rooms-katholieke traditie: "De tien geboden. Dat zijn waarden die ik nog steeds probeer na te leven."

Zijn drijfveer is 'de knechtiging', zoals hij dat uitdrukt: "De onderkant van de samenleving. Het feit dat de dienst wordt uitgemaakt door een aantal bazen en notabelen. Ik heb me altijd voorgenomen te bewijzen dat het anders kan. Dat je een organisatie om resultaat te hebben niet op een autoritaire en niets ontziende manier hoeft te leiden."

Alleen nonnen

Ooit werken er alleen nonnen bij de vroegere RK Stichting Gezinsvervangende Tehuizen Noord-Hollands Noorden. Later wordt dit de Stichting Dienstverlening Gehandicapten (SDG). In 1999 komt het tot een fusie met Reigersdaal, in 1966 voortgekomen uit het psychiatrisch ziekenhuis St. Willibrord te Heiloo. Sindsdien heet de organisatie Esdégé-Reigersdaal, met kleinschalige woon- en dagbestedingsvoorzieningen in onder meer Den Helder, Bergen, Heerhugowaard, Hoorn en Enkhuizen. Er werken 2.500 personen, ook mensen met een handicap, zoals bij de ontvangstbalie van het bestuursbureau. De omzet in 2009 bedraagt 92 miljoen euro.

Trots

Zijn vader huilde niet toen Quaedvliegs moeder overleed. Later wel. Hij was trots op zijn zoon, maar heeft dat nooit rechtstreeks laten merken. Nadat de mijn was gesloten, werd hij omgeschoold tot meubelmaker. Toen zijn bedrijf failliet ging, kwam hij in de sociale werkvoorziening terecht. "Voor hem ben ik altijd dat kind gebleven. Dat waren de verhoudingen."

"Zo ging dat onder mijnwerkers. Mannen onder elkaar. Alles draaide om het werk, om voetbal, om de duiven. De kroeg. Een biertje erbij. Kaarten. Ik kon vroeger redelijk goed voetballen. Maar hij kwam nooit kijken. Dat deed geen van de mijnwerkersvaders. Daartoe verlaagden zij zich niet."

Klein radertje

Zijn moeder, erkent hij, gaf sturing aan zijn leven, ze bracht hem normen, waarden en betekenis bij, ze leerde hem tegen de stroom in te zwemmen. Op haar achtenveertigste overleed zij aan kanker, na een ziekbed van twee jaar. Quaedvlieg studeerde nog, maar hij was er op het laatst bijna permanent bij. Vlak na haar overlijden, in 1979, kreeg hij zelf een hersenvliesontsteking: "Ik heb drie weken in het ziekenhuis gelegen. Kantje boord. Van de eerste week kan ik me niets meer herinneren."

Quaedvliegs drijfveer is de zorg voor de meest kwetsbaren in de samenleving: "Onze organisatie, Esdégé-Reigersdaal, ontleent haar bestaansrecht aan het feit dat er mensen met een beperking zijn die gebruik willen maken van ons werk. Dat kunnen we alleen waarmaken als wij kwalitatief goede medewerkers hebben. In hun interactie zijn zij bepalend voor het resultaat."

"Ik ben maar een klein radertje. Want wij zijn met elkaar verantwoordelijk voor ons succes. Een van onze kernwaarden is geloofwaardigheid. De discrepantie tussen wat je zegt en wat je doet, tussen visie en praktijk, moet zo klein mogelijk zijn. Ik teken dit bedrijf ook nooit als een pyramide. Want zonder deze medewerkers geen staffunctionarissen, geen managers en dus geen bestuur."

Eerder verschenen in Skipr 11-2010

GPSR Compliance
The European Union's (EU) General Product Safety Regulation (GPSR) is a set of rules that requires consumer products to be safe and our obligations to ensure this.

If you have any concerns about our products, you can contact us on

ProductSafety@springernature.com

In case Publisher is established outside the EU, the EU authorized representative is:

Springer Nature Customer Service Center GmbH
Europaplatz 3
69115 Heidelberg, Germany

www.ingramcontent.com/pod-product-compliance
Ingram Content Group UK Ltd.
Pitfield, Milton Keynes, MK11 3LW, UK
UKHW021300180426

11947UKWH00015B/936